SPACE DEVELOPMENT IN JAPAN

일본의 우주개발
평화에서 군사안보로

한은아 역
Satoru Ikeuchi 저

박영사

역자 서문

　이 책을 번역해야겠다는 생각을 한 이유는, 일본이 우주를 평화적으로 이용하겠다는 생각에서 벗어나 이를 군사적으로 이용하겠다는 의지를 처음으로 밝힌 책이었기 때문입니다. 일본은 1969년 중의원의 이름으로 [우주의 평화이용원칙]을 세계 만방에 선언한 나라입니다. 물론 선언은 그랬지만 내면적으로는 입실론이라는 고체연료를 개발하고 있었기 때문에 언제든지 이를 ICBM(대륙간탄도탄)으로 전용할 수 있어, 우주의 평화이용원칙은 사실상 허구였으며 우주의 군사적 이용 계획은 은밀히 진행되어 왔습니다. 그러던 차에 1998년 8월 31일 북한이 발사한 탄도 미사일이 일본 열도를 넘어 태평양에 떨어지자 일본 열도는 경악을 금치 못했고, 그때부터 일본의 우주이용은 본격적으로 군사이용을 추구하게 됩니다. 그 속도도 빨라 일본은 2025년까지 북한뿐만 아니라 한국, 중국도 면밀히 들여다볼 수 있는 군사용 첩보위성 총 10기를 보유하게 될 예정입니다. 하지만 한국은 군사용 첩보위성이 고작 4기에 불과합니다. 또한 일본은 군사용 GPS(전지구적측위시스템)도 7기를 보유하게 되어 미국의 GPS를 연동하여 모든 미사일을 정확히 유도해 북한 전역을 타격할 수 있게 되었습니다. 이 책을 번역하고 있는 2021년 현재 일본은 16톤의 인공위성을 쏘아 올릴 수 있는 H－2B

로켓을 보유하고 있고, 국제우주정거장에 머물고 있는 우주비행사들의 식량과 실험장비를 실어 나르고 있습니다. 국제우주정거장의 우주비행사들은 일본과 러시아의 소유즈 로켓이 없으면 그 기능을 상실할 정도로 일본의 우주실력은 막강합니다. 일본의 군사용 첩보위성은 지상물체 30센티미터급 크기의 물체를 파악할 수 있고 로켓은 대륙간탄도탄 능력을 보유하고 있습니다. 우주는 이제 별빛만을 쳐다보는 평화적인 공간이 아니라 전쟁의 공간으로 변모해 있으며, 이 책에는 평화만을 제창하던 일본의 진실적 내면인 우주의 군사적 이용을 인정한 내용이 담겨 있고 이러한 일본의 현실을 솔직히 밝혔다는 점에서 가치가 있습니다. 이제 한국 주변은 모두가 미사일 강국이고 일본과 중국은 자체 GPS를 구축했으며, 특히 일본은 2기의 위성만 더 올리면 GPS 시스템이 구축되어 넓디넓은 평야에서 6센티미터의 오차범위에서 무인트랙터로 밭을 경작할 수 있을 정도가 됩니다. 아무쪼록 이 번역서가 우주개발이 왕성해지는 한국의 우주개발에 도움이 되었으면 합니다.

　이 책이 나오기까지 많은 분들이 도움을 주셨음에 깊은 감사를 드리며, 특별히 사랑을 많이 주시는 할머니 박말선 님, 아버지 한승훈 님, 어머니 이정희 님, 그리고 사랑하는 동생 한건호에게 이 책을 헌정드리고 싶습니다.

2021년 10월
한양대학교 연구교수 한은아

목차

동경의 대상이었던 우주개발은 지금…

우주라고 하면 동경, 로망, 꿈 등으로 구성되어 있는 경우가 많다고 생각합니다. 암흑의 밤에 빛나는 밤하늘의 별, 한없이 펼쳐진 우주, 그 탄생의 비밀과 우주에 관한 모든 호기심, 사람들은 우주에 자신들의 생각을 쌓거나, 끝없는 포용력을 갖는 우주에 스스로를 맡겨 가며 우주와 연결되어 왔습니다. 그리고 또한 인류는 끊임없이 우주 전체는 어떤 모습을 하고 있는지, 우주는 어떻게 시작되었는지, 어떻게 모습을 변화시켰고 어떻게 끝마치는지, 우주를 끝까지 따라가면 어떻게 되는 것인지, 그런 우주가 던지는 수수께끼에 계속해서 도전해 왔습니다. 우주는 사람들의 마음을 기댈 수 있는 것과 동시에, 자연관과 우주관을 형성하는 점에 있어 필수불가결한 대상인 것입니다. 문학이나 기술의, 그리고 과학의 원천으로서 우주는 사람들의 마음에 뿌리를 내리고 있다고 할 수 있습니다.

지금 우주라고 하는 단어는 태연하게 사용해 왔습니다만, 우주에는 몇 가지의 의미가 혼합되어 있는 것을 처음으로 이야기해 두고 싶습니다. 원래 한자의 의미에서 우주의 [우]는 공간의 의미, [주]는 시간을 의미합니다. 우리들은 물질이 점유하는 장소를 (3차원의) 공간이라고 부르며(그리스어에서 Topos-공간이라고 합니다), 그 물질의 과거·현재·미래와 연결하는 변화(1차원의)를 시간의 과거로서 인식하고 있습니다.

더욱이 우주와는 4차원의 [시공간]으로, 우리들이 살고 있는 세계를 구성하는 가장 기본 구조입니다. 그러나 시공간을 직접적으로 보는 것은 불가능합니다. 우리들이 직접 보는 것이 가능한 것은, 시공간 내에 놓인 물질 그 자체이며, 그 변화인 것입니다. 때문에 우리들이 우주로 부르는 것은 4차원의 시공간에 존재하는 별과 은하 등의 물질과 그 변화입니다. 바꿔 말하면 별과 은하라고 하는 물질을 통해 우리들은 전체세계 = 시공간 = 우주를 조사하고 있는 것이라고 할 수 있습니다.

한편 전체세계로서의 우주를 영어로는 유니버스[Universe]라고 합니다. 라틴어에서는 [유니버시스]로 [전체의] 또는 [하나가 되었다]라고 하는 듯합니다. 해석해 보면 Uni가 [하나로] Verse가 [돌다]이기 때문에 유니버스는 하나의 축으로 도는 세계, 더욱이 태양계 세계가 머릿속에 있던 단어라고 생각됩니다. 이 단어가 만들어진 당시의 우주, 그리고 전체 세계는 태양계였기 때문이었다고 할 수 있을 것입니다.

그리고 우주를 가리키는 또 다른 영어로서 코스모스(Cosmos)가 있습니다. 코스모스는 원래 그리스어의 [아름다운 질서]의 의미이기 때문에, 질서와 조화를 이룬 세계로서 우주를 의미하게 되었다고 생각됩니다. [혼돈]을 의미하는 카오스(Chaos)와 대조되는 단어입니다. 유니버스, 코스모스와 함께 우주를 구현하고 있는 적절한 언어라는 점이 마지막이 될 것입니다.

지금까지가 우주의 본래 의미이지만, 1950년대 중반부터 우주에 새로운 의미가 덧붙여졌습니다. 로켓을 개발하면서 인류가 지상 100km 이상의 상공에 인공위성이나 탐사기, 미사일을 발사시키고, 더욱이 인류가 로켓에 탑승해 그 공간으로 진출하게 되었다는 점이 그 계기입니다. 단순히 상공인 곳에 인류는 닿을 수 있게 되었고, 이 공간(스페이스)

도 일본어로 [우주]로 부르게 되었습니다. 영어에서는 [스페이스]라고 불리어서 혼란되지 않지만, 일본어로는 전체세계로서의 우주와 인류 위의 공간인 우주가 함께 사용하게 되었고, 같은 [우주]라고 하는 단어를 사용하기 때문에 혼란스러운 적이 있습니다.

본 저서에서 문제가 되는 것은 후자의 공간인 우주입니다. 이 우주 공간에는 과학위성이 발사되어 우리들을 둘러싼 전체세계(본래의 우주입니다)를 관측하고 기상위성에 의해 상공에서의 지구대기의 움직임을 관찰, 통신위성으로 전화나 텔레비전 신호를 송수신하고 있습니다. 뿐만 아니라 이 우주공간에서는 군사정보가 오가며, 미사일의 통로가 되고, 스파이 위성이 비밀스럽게 사용해 적국의 상황을 탐색하는 것과 같은 군사와 집결되는 활동이 활발히 이루어지고 있습니다. 만일의 경우에는 우주공간에서 전쟁이 일어날 수도 있습니다. 그러한 우주의 군사화에 일본이 대대적으로 나서려 하고 있다는 점을 본 저서를 통해 전달하고 싶습니다.

제1장에서는 우선 사람들의 우주에 대한 동경과 도전을 다루고 있습니다. 새처럼 하늘을 날고 싶다. 그것이 인류가 오랫동안 품어 왔던 꿈이었습니다. 그러기 위해서 수차례의 실패를 거듭한 결과, 라이트형제가 세계에서 최초로 비행기와 같은 공중비행에 성공했습니다. 그 이후 비행기는 고속으로 사람과 물자를 수송하고, 또는 전장에서 적국을 폭격하기 위해 연구·개발되었으며, 지금은 시속 100km로 비행하는 제트기까지 진화되었습니다. 한편 로켓은 [화전(火箭)]이라고 불린 전장의 무기인 [하늘을 나는 창]에서부터 시작되었습니다. 그것이 20세기가 되면서 로켓으로 결실을 맺게 되었습니다. 우주공간을 무기로 정복하려는 이유입니다.

　　제2장에서 그 로켓의 개발부터, 마침내 인공위성의 실현에 성공하고, 우주공간(스페이스)이 인류 활동의 장이 된 역사에 대해 정리하겠습니다. 그중에서는 인류의 달 착륙과 태양계 혹성 탐사 등 우주에 관한 평화활동의 화제가 있는 것과 동시에, 미사일 방어(MD)와 전략방위구상(SDI) 등 우주를 무대로 한 군사 활동도 활발해진 것은 여러분도 잘 알 것입니다. 오히려 우주는 오로지 군사의 장이 되어 왔습니다. 이와 동시에 스페이스 데브리라고 불리는 우주 쓰레기 문제를 고민하게 되었습니다. 현대인의 버리는 습관이 여실로 포현된 문제라고 할 수 있을 것입니다.

　　제3장에서 다루듯이 일본이 우주개발을 적극적으로 시작한 것은 1954년으로, 그로부터 50년 가까이 우주를 철저히 평화이용했습니다. [우주의 개발은 평화목적에 한한다]라는 국회에서 이루어진 결의를 지켜왔습니다. 하지만 2003년부터 형세가 바뀌고, 2008년에 우주개발을 [안전보장에 도움이 될 것이다]라는 우주기본법이 성립되어 구체적으로 우주의 군사이용이 가능하게 되었습니다. 그래서 현재 그 사용이 더욱 증가했고, 과학위성을 사용한 우주이용의 연구는 쇠퇴될 위험성이 높아지고 있습니다. 우리들의 동경의 장소이면서 로망의 대상인 우주(유니버스)가 될 수 없습니다.

　　그 구체적인 전개를 정리한 것이 제4장입니다. 특히 일본의 우주개발을 담당하는 중심기구인 JAXA(우주항공연구개발기구)의 군사화가 급속히 진행되고 있습니다. 거의 현재 진행형으로 진행되고 있지만 왜, 이처럼 JAXA가 변화되고 있는지를 알아보겠습니다. 물론 우주뿐만이 아니라 특정 비밀보호법과 집단적 자위대의 움직임, 무기수출 3원칙을 개정한 방위장비이전3원칙 등, 일본의 정치전반의 우경화와 관련이 있을 것입니다.

그리고 제5장에서는 JAXA도 포함해 일본의 과학 전반이 군학공동(군과 과학자가 협력해 군사개발을 하는 것)에 동원되어 가는 위험성을 지적합니다. 그 구실로서 과학과 기술의 성과는 군사이용에도 평화이용에도 사용할 수 있는 Dual Use(양의성) 문제가 있습니다. 어떠한 과학·기술도 군사적으로 이용할 수 있기 때문에 이에 얽매여도 어쩔 수 없습니다. 사용법의 문제에서 자신과는 관계가 없다고 생각하는 과학자가 있으면, 군사협력에 힘 쓸 가능성이 있습니다. 이러한 내용도 다루면서, 우주의 군사화에 대해 다루겠습니다.

마지막 장에서 우주에 관한 UN의 활동과 군산복합체의 실태에 대해 조금 생각해 볼 수 있는 내용을 담았습니다. 우주개발이 평화를 위해 보고자 합니다.

본 저서의 목적 중 가장 중요한 것은 우주의 군사화의 실태를 폭 넓게 알리고자 하는 것입니다. 우주는 동경의 장소여야 하지만, 실제로는 군사와 깊게 연결되어 있다는 것을 알아 두셨으면 좋겠습니다. 우리들은 허블우주방원경과 화성탐사기에서의 새로운 발견, 그리고 [하야부사]의 극적인 귀환 등, 훌륭한 퍼포먼스를 보고 박수를 보내고 있습니다만, 그것은 우주개발의 한 면일 뿐입니다. 현재 진행되고 있는 우주의 부끄러운 군사이용에 대해서도 알아 둘 필요가 있다고 생각하고 있습니다. 이에 막대한 자금이 투입되고 있다는 것을 안다면 좀 더 실정을 알고 싶을 것이라 봅니다. 이를 계기로 우주를, 평화를 위한 장소로서 다시 되돌아가기 위해 무엇을 할 수 있는지를 함께 생각하면 좋겠다고 생각합니다.

제 1 장

우주에 대한 동경

사람과 우주와의 관계는 밤하늘을 올려다보고 달의 위치나 움직임을 알아가는 것부터 시작되었습니다. 우선 밤하늘에서 가장 빛나는 달이 시간의 표시가 되었고, 그 후 혹성의 움직임, 그리고 사계절로 인하여 위치와 높이가 바뀌는 항성(성좌)의 관찰이 폭넓어졌으며, 그 규칙성을 알게 됨으로써 칠흑의 어둠이었어도 드디어 그 방향성과 시각을 알 수 있게 되었습니다. 규칙적으로 변화하는 밤하늘은 시간을 측정하는 시계의 역할을 맡게 되었고, 달이나 별의 높이와 시간과의 조합으로 사람이 지금 있는 장소(공간의 위치)를 측정했습니다. 밤하늘은 양치기에게 방목의 장소와 시간을 가르쳐 주고, 농민에게는 계절을 알려 농작업의 준비를 하도록 한 다음 외상이 없는 하늘의 선물이었습니다. 또한 시공간으로서의 우주였다고 할 수 있을 것입니다.

한편 낮은 태양의 위치 및 각도로 대체는 그 시간을 추정할 수 있지만, 그 이외의 시간과 공간의 장소, 방향을 정하는 데에 있어 태양은 특별한 존재는 아닙니다. 태양의 빛과 열에 감사해도, 별들처럼 좋은 좌표가 되지 않기 때문입니다. 그러나 일광 안에서 새들처럼 자유자재로 하늘을 날아 우주를 정복하고 싶다는 사람들의 욕망은 옛날부터 바뀌지 않았습니다. 어디까지 공간이 넓게 펼쳐져 있는지를 알고 싶다는 호기심이 있었기 때문입니다. 그것은 넓은 하늘에서 지상을 바라보는 것에 대한 동경, 하늘 높이 비행하는 것에 대한 야망이라고 할 수밖에 없을 것입니다. 그렇기 때문에 많은 사람들이 도전해 왔습니다. 본 장에서는 사람들의 우주에 대한 도전의 역사를 간단하게 정리해 보겠습니다.

이카로스의 꿈

그 생각을 최초로 표현한 것이 그리스 신화의 이카로스의 이야기일 것입니다. 이름이 [정교한 장인]이라는 의미를 지닌 다이다로스(Daedalus)는 크레타(Crete)섬에서 미노스(Minos)왕을 위해 죄수를 감금하기 위한 라비린스(Labyrinth – 미궁)을 만들었습니다. 거기에 영웅 테세라를 감금했지만 다이다로스로부터 대책을 받은 여왕 아리아드네의 실의 지침으로 테세우스는 성공적으로 미궁으로부터 도망갈 수 있었습니다. 이에 화가 난 미노스왕은 다이다로스를 그의 아들 이카로스와 함께 탑에서 감금시켰습니다. 여기서 탑에서 탈출하기 위해 교묘한 다이다로스는 새의 깃털을 모아 실로 묶었고, 작은 깃털은 납으로 고정해 날개를 만들어 냈습니다. 그리고 다이다로스와 이카로스는 그 날개를 등에 고정해 하늘을 날아 탑을 성공적으로 탈출할 수 있었습니다.

하늘을 나는 동안에 이카로스는 분위기를 즐겼고, 다이다로스는 [태양의 열로 납이 녹아 버리기 때문에 너무 높게 날지 않는 것이] 좋다는 충고를 잊었고 점점 상공으로 향해 높이 올라갔습니다. 아니나 다를까 태양에 가까워지자 납이 녹아 깃털은 너덜너덜해졌고, 마침내 이카로스는 떨어져 바다로 추락해 사망하였습니다. 그가 떨어진 바다는 이카로스에게 유래되어 이카로스해, 유체가 떠내려 온 섬은 이카리아섬으로 불리게 되었다고 전해집니다. 피터 · 블뤼헐(1525년 무렵~1969년)이라는 유명한 화가가 그린 [이카로스의 추락이 있는 풍경](1958년 작품)이라는 그림이 있습니다. 이 그림에서 바다의 표면에 아카로스의 발이 (오른쪽 아랫부분) 허무하게 발버둥침에도 불구하고, 농민들은 불쌍하게 추락한 이카로스에게는 아무런 관심도 갖지 않는 그림으로 해석되고 있습니다. 사람들은 하늘 높이 날고 싶다는 이카로스의 야망에는 어떠한 관심을 갖고 있지 않았다는 것을 표현하고 있는 것을 아닐까요. 그러나 왜 브리헐은 이카로스의 추락의 그림을 그렸을까요. 저는 이 그림은 브리헐의 자기주장이지 않을까 생각합니다. [농민화가 브리헐]이라고 불렸듯이 그는 농가의 생활이나 고생을 그림으로서 정력을 쏟은 화가였으며, 이카로스가 하늘에서 떨어지고 있는데 전혀 개의치 않고 계속해서 일을 하고 있는 농민을 찬양하고 있었다고 추측되기 때문입니다. 그렇기 때문에 굳이 이카로스의 불행한 모습을 그려, [이카로스의 추락]이라는 제목을 붙인 것이 아닐까요. 그런 실패에도 불구하고 이카로스의 꿈은 오랫동안 인류의 비원으로 남아 있었습니다. 실제로 이카로스처럼 날개를 달고 하늘을 날려고 했던 시도는 예부터 있었고, 날개, 깃털, 낙하산과 같은 것을 등이나 손발에 달아 탑과 같은 높은 곳에서 떨어지는 사람을 [타워 점퍼]라고 불렀습니다. 타워점퍼와 굳이 어떠한 사람이 도전한 것을 이야기하고 있습니다.

가장 오래된 기록으로 남은 것은 타워점퍼로서 아라비아인으로 알려져 있고, 불행히도 890년에 코르도바에서 낙사했습니다. 또한 1130년에는 영국의 수도사 에일머(Eilmer)가 맘스버리(Malmesbury)수도원의 탑에서 뛰어내려 180여 미터를 날았다는 기록이 있습니다. 땅으로 떨어졌지만 다행히 목숨은 무사했고, 다리가 골절되어 생활이 불편했다고 합니다. 그 외에도 이탈리아의 단치와 데미안(함께 16세기의 사람)도 알려져 있고, 1742년에는 프랑스의 한 공작이 센강의 좁은 다리에서 날았다는 기록도 있습니다. 일본에서는 1785년에 [토리진 코우키치(鳥人幸吉)]라는 별명을 갖는 우시다 코우키치(宇田幸吉)의 시도와, 1787년의 오키나와의 아사토 슈토우(安里周祥)([토비 아사토飛び安里]라고 불렸습니다)는 날고 싶다는 강한 의지로 넓은 하늘을 날 수 있었다고 합니다. 이러한 것은 어떠한 형태로든 기록이 남아 있는 행운의 예로, 반면에 이름이 알려지지 않은 채 사라진 타워점퍼는 세계 어디에나 있었다고 할 수 있습니다.

기구 · 비행선 · 글라이더

새를 모방해 몇 개의 날개를 붙여도 하늘을 날 수 없다는 것을 알게 되었습니다. 작은 날개로는 날아오르는 힘이 매우 부족하기 때문입니다. 여기서 생각해 낸 것은 하늘에 띄울 수 있는 기구를 만드는 것이었습니다. 그중 하나의 방법은 굴뚝에서 나오는 연기가 공기를 상승시키는 모습을 보고, 공기를 따뜻하게 하면 가벼워진다는 것이 힌트였습니다. 처음에는 따뜻해진 공기를 종이봉투에 넣는 실험부터 시작해, 이것이라면 공기가 새지 않기 때문에 나무로 틀을 잡고 두꺼운 종이를 붙이거나, 천에 니스를 발라 부서지기 어려운 기구를 만들었습니다. 그리고 공기를 데우는 버너와 같은 것을 부착하면 연료가 있는 한 부상할 수 있습니다. 이러한 열기구를 세계에서 처음으로 발명한 것은 프랑스의 몽골피에형제(형: 조셉, 1740년~1810년/동생: 잭, 1745년~1799년)로 1783년 6월에 무인비행, 12월에는 사람 2명을 태운 유인비행에 성공했습니다. 아이디어와 용기의 결과입니다.

열기구는 한때 세계에서 열광적으로 환영을 받았지만, 바로 가스열기구로 바뀌었습니다. 열기구에서는 한 번 사용하면 화염으로 인해 기구가 너덜너덜해지는 결점이 있었고, 비행 중에 기구에 불이 붙어 타 버리는 사고가 일어났기 때문입니다. 그러나 나일론처럼 견고한 기구와 프로판가스를 버너로 태우는 방식의 열기구가 20세기 후반에 부활했고, 다시 인기를 얻었습니다. 현대에서도 세계의 여기저기에서 열기구 경쟁대회가 열리고 있습니다. 느긋하게 하늘을 나는 모습을 선호하는 것일까요.

가스기구는 1766년에 영국의 캐번디시(Cavendish)(1731년~1810년)가 수소를 발견함으로써 시작됩니다. 수소는 공기보다 가벼운 가스(기체)이기 때문에 종이봉투에 주입하면 부상할 것이라고 기대할 수 있었습니다. 실제로 다량의 수소를 만들어 수소가 새기 어려운 섬유에 고무를 혼합한 기밀성 높은 기구에 주입해 유인비행을 한 것은 쟈크 샤를(1746년~1823년)과 로베르형제(형: 안, 1758년~1820년/동생: 니콜라스, 1760년~1820년)였습니다. 1783년 12월의 일로, 몽골피에형제의 열기구 유인비행이 성공하고 나서 10일 후의 일이었습니다. 이후 가스기구는 몇 번이라도 사용할 수 있다는 점, 장식간·장거리를 비행할 수 있다는 점, 높은 곳까지 상승할 수 있다는 등의 장점에서 순식간에 인기를 얻었습니다. 지금도 기상관측, 홍보기구, 정찰기구, 관광기구 등에 사용되고 있습니다만, 여기에 탑승해 하늘에서 지상을 내려 본다면 드넓은 하늘을 정복한 기분을 얻을 수 있을까요.

가스기구의 결점은 하늘에 올라가면 바람에 맡기거나, 생각했던 방향으로 가는 것이 어렵다는 것입니다. 그런데 공기저항이 적은 유선형으로 제작해 프로펠러로 발전시켜, 발동기를 부착해 비행선이라고 부르도록 하는 것이 다음의 목표가 되었습니다. 1852년에 증기엔진을 탑재한 비행선이 처음으로 등장했고, 그것이 가솔린 엔진이 되어, 곤돌라에 엔진을 넣어 매달고, 이를 꼬리 날개에 부착해 방향의 안정성을 갖는 등, 여러 가지 방법이 구상되었습니다. 실용적인 비행선을 처음으로 완성시킨 것은 브라질의 재산가인 산투스 두몬트(Santos Dumont)(1873년~ 1932년)라고 합니다. 제한시간에 에펠탑을 주회하는데 성공했던 1901년의 일입니다.

서로 다른 기술에서도 기본 콘셉트가 성공하면 대형화하자는 것이 기술의 흐름입니다. 비행선도 예외가 아니며 주로 독일이 기술을 독점해 대형비행선을 취항하기까지에 이르렀습니다. 1928년에는 총 길이 236m인 제플린(Zepplin)선박을 건조했고, 항속거리가 1만km를 자랑하며 태평양을 횡단해 세계일주를 했습니다. 비행기는 더욱 발전했지만, 대량수송에서는 비행선이 유리하기 때문에, 1930년대까지는 비행선이 사용되었습니다. 그러나 1937년에 힌덴부르크호(Hindenburg)가 폭파하면서 비행선의 시대는 마쳤습니다. 당시 사용되었던 가스는 수소로, 인화되면 폭발력에 산소와 결합하기 때문입니다. 사실 공기보다 가벼운 기체로서 1868에 헬륨이 발견되었으며, 산소와는 반응하지 않기 때문에 안전하다고 알려졌었습니다. 때문에 위험한 수소가 아닌 안전한 헬륨을 사용하면 좋았겠지만, 헬륨의 생산을 미국이 독점하면서 독일에 수출하는 것을 금지했었습니다. 현재 하늘에 여유 있게 떠 있는 비행선은 광고 측면에서 사용되는 경우가 대부분으로, 전부 헬륨이 사용되고 있습니다(이전에는 가게의 고무풍선에도 수소가 사용되었으나, 폭발 사고로 많은 사상자가 나와서 금지되었고 안전한 헬륨을 사용하게 되었습니다). 대형비행선은 드넓은 하늘을 점유한 것 같은 느낌이 듭니다.

또 다른 비행술은 지금도 성행하는 글라이더입니다. 조지 케일리 (George Cayley)(1773년~1857년)는 날개의 모양을 한 물체를 통과하는 흐름을 계산해, 날개의 부력이 사용된다는 것을 알게 되었습니다. 그는 [항공학의 아버지]라고도 불리듯이, 날개와 같은 단면의 한 고정판을 공기의 흐름에 맞춘다면 부상한다는 것을 발견해, 인체를 띄우는데 필요한 크기를 계산했습니다. 그리고 실체로 기체의 모형을 만들어, 상승기류가 있는 장소에서 실험을 했고, 날개를 단 사람이 하늘에 올라 100m 이상 활공(공중활주)하는데 성공했습니다. 최초의 행글라이더로 1853년의 일이었습니다. 케일리연구의 뒤를 잇는 사람이 오토 릴리엔탈(Otto Lilienthal)(1848년~1896년)로, 행글라이더에 관한 수많은 실험을 하는 중에 날개의 형태와 부력의 관계를 증명했고, 그것을 정리한 책을 출판했습니다. 그는 단엽기와 복엽기를 개발해, 새처럼 날갯짓을 하기 위한 동력을 갖춘 글라이더도 발명했습니다. 불행히도 1896년에 글라이더사고로 사망했지만, 그의 업적이 플라이트형제에게로 이어져 실제로 비행기가 발명되었다고 전해집니다.

비행기의 발명과 진화

그리고 드디어 1903년, 라이트형제(형: 윌버, 1867년~1912년/동생: 오빌, 1871년~1948년)에 의해 유인동력비행을 성공시켰습니다. 그들은 풍동실험에서 최적의 상태를 원해, 실제로 글라이더에 탑승해 조작을 했습니다. 그리고 동력을 달아 체인을 구동시켰고(그들은 자전거가게를 했습니다), 수평안정판과 모터의 설치 및 비행 중에 주날개를 회전시키는 등 새로운 방법을 추가했습니다. 키티호크로 한 비행실험은 총 4회로, 가장 오랫동안 날은 비행은 4번째인 59초의 체공시간으로 비행거리는 260미터로 낮았습니다. 그러나 그것이 날개에 의해 부력을 얻었고(수소나 헬륨, 뜨거운 가스를 사용하지 않고 상승했습니다), 동력원을 제어하면서 스스로 부양했고(동력원에 의해 프로펠러를 회전시켜 속도를 얻을 수 있었습니다), 안정된 비행을 계속하는 비행기의 최초 등장이었습니다.

기술이라고 하는 것은 그것이 가능하고 실제로 실현된다면 계속해서 개량되어 보다 효율이고 합리적인 방법이 발견될 것이며, 그에 따라 기술은 한순간에 진보하는 것입니다. 비행기도 일단 라이트형제에 의해 현실 가능하다고 한다면 순식간에 개량되어 체공시간이 늘어나고, 비행속도가 상승하며 고도도 높고 기체의 강도도 강해져 갔습니다. 그래서 1911년에는 이탈리아의 군용기가 터키군을 정찰했고, 1914년에는 독일에서 항공기 1,200기가 있는 공군이 설립되었고, 다음해 1915년에는 포커전투기가 투입되었습니다. 항공기는 군사개발에 의해 한층 가속화되어 진화되었다고 할 수 있을 것입니다.

비행기 개량의 포인트는 크게 두 가지로 나눌 수 있는데, 가볍고 안전하며 내구력을 갖춰서 녹슬지 않는 기체의 개발과, 크기는 작지만 강력하고 엔진 효율이 좋고 고장이 없어 오랫동안 사용하는 엔진 개발이었습니다. 기체로서 최초에는 목재기, 이어 목재와 금속을 조합시킨 하이브리드기, 그리고 금속(알루미늄, 두랄루민)기가 되었고, 최근에는 탄소섬유강화 플라스틱이 사용되었습니다. 한편 엔진은 비행선의 시대에 증기기관에서 가솔린의 내열기관이 사용할 수 있게 되었고, 실린더 내에서 연료(가솔린)와 공기를 압축시켜 연소효율을 높였고, 그 압력으로 터빈을 회전시키는 터보엔진(레시프로엔진이라고도 한다)이 오랫동안 사용되어 왔습니다. 지금도 프로펠러 비행기와 소형기는 터보엔진을 사용하고 있습니다. 제2차 세계대전에 맞춰서 개발이 빨라진 것이 제트엔진입니다. 기본적으로는 실린더에 공기와 제트연료(케로신)를 넣어 압축하여 폭발 연소(그 힘으로 터빈을 돌리는 경우가 터빈엔진입니다)하지만, 제트엔진은 연소가스를 분사해 빠르게 후방에서 방출하고, 그 반작용이 앞으로 움직이는 힘이 되며, 그것이 비행기의 추진력이 됩니다. 터보엔진과 다른 것은 실린더에서 연료의 폭발적 연소를 연속적으로 이루어지는 것으로 이로 인해 점점 고속화가 가능한 구조로 되어 있는 것입니다.

이러한 비행기의 역사에는 일본인의 등장이 거의 없지만 한 사람을 들어보면 에이메현에서 태어난 니노미야 츄하치(1866년~1936년)라는 사람이 있습니다. 그는 1891년 고정날개에 4개의 프로펠러를 달아, 고무동력으로 움직이는 [모형비행기]를 제작해 10m 프로펠러로 비행한 것으로 알려져 있습니다. 이른바 대형 모형비행기이지만, 라이트형제보다 10년 이상 빠르게 비행기를 만들었다고 그를 명예롭다고 이야기하고 있습니다. 그러나 이 고무비행기는 1871년에 프랑스에서 비행실험을 하고 있었고, 라이트형제는 동력을 탑재한 본격적인 비행기로 했기 때문에 비교는 할 수 없습니다. 니노미야는 당시 막 나온 가솔린엔진을 동력원으로 삼는 비행기를 생각하고 있었던 것 같습니다만, 주위의 반대와 자금부족으로 어려움이 있었습니다. 그러나 우수한 아이디어를 갖는 것은 확실합니다. 그는 [비행기]로 이름 붙였고, [일본 항공기의 아버지]라고 할 수 있을 것입니다.

SF의 우주여행

인류는 새처럼 하늘을 나는 꿈뿐만 아니라 한 번에 공간을 뛰어 넘어 달까지 가보고 싶다는 우주여행의 꿈도 계속해서 갖고 왔습니다. 물론 그것은 오랫동안 공상의 세계였지만 달이나 혹성에는 어떤 생물이 살고 있는지 만약 지구의 인간과 같다면 사회를 구성하고 있는지, 그것을 알고 싶다는 호기심에서 시작되었습니다. 인간에게는 미지의 것을 찾는 욕망이 있고, 그것을 여러 가지 측면에서 상상을 하여 이야기로 표현하고 싶다는 본능이 있을지도 모릅니다. 지금은 사이언스 픽션 (SF)이라고 부르지만, 그것이 공상우주비행기로 옛날부터 계속 쓰여 왔습니다.

가장 처음에 쓰인 것은 루키아노스(120년 무렵~180년 이후)의 저서 이지 아닐까요. 그의 이 작품은 세계 최초의 SF라고 하며, [진실한 이야 기]로 달 여행, [이카로 매니파스]로 별의 세계까지의 여행을 썼습니다. 바로 옆으로 손을 뻗으면 닿을 듯이 보이는 달로의 여행은 모두가 생각 하고 있는 것일지 모릅니다. 마치 간단하게 갔다 올 수 있는 것처럼 쓰 여 있기 때문입니다. 일본의 [다케토리 모노가타리(竹取物語)]에서는 미녀가 차로 달에 돌아간다고 되어 있습니다(어떻게 했다는 것은 알지 못 합니다만). 또한 이탈리아의 작가 L. 아리오스토(1474년~1533년)는 [광 란의 오를란도](1516년)라는 서사시 속에서 중세의 기사인 아스톨포가 사륜마차를 타고 달에 여행하는 내용이 담겨 있습니다. 마치 손쉽게 달 까지 여행할 수 있는 듯합니다.

그러나 조금씩 과학적 지식이 늘어나자 달이 상당히 먼 곳이 있다는 것을 알게 되었기 때문에, 간단히 차로 갈 수 있는 것은 아닙니다. 어떻 게 해서 지구인이 달에 갈 것인지가, SF의 하나의 주제가 되었습니다. 혹성운동의 3법칙을 발견한 케프라(1571년~1631년)는 [케프라의 꿈]이 라는 제목으로 SF소설을 쓴 것으로도 유명합니다. 사후에 출판되었기 때문에 사람들에게 흥미를 불러일으키지는 못했지만, 과학과 함께 소 설을 쓴 케프라의 다능함을 그리워한 것 같습니다. 과학자인 케프라에 있어 지구와 달 사이에는 공기가 없다는 것이 상식이었기 때문에 날개

로 달까지 날아갈 수 없다는 것을 잘 이해하고 있었습니다. 여기서 어떠
한 방법을 생각해야 하지만 마음에 드는 방법이 없고, 결국 성령의 힘을
빌려 달로 이동시켜 달라 하기로 했습니다. 점성술로 유명했던 케프라
이기 때문에 신비적인 기운에 의지했는지 모르지만, 그로서는 본의 아
니게 그랬던 것은 아닌가 생각합니다. 그의 공상에서는 달에는 생물이
살고 있습니다만 밤중에 조금씩 움직이기 때문에 활발하지 않고, 도시
나 마을이 존재하지 않는 외로운 정경만을 머리에 두고 있지는 않았습
니다. 17세기 무렵이 되자, 대항해시대 향해 신대륙이 발견되어, 세계
로 나아가려는 마음도 있어, 우주비행을 주제로 한 많은 SF가 쓰였습니
다. 그중에서도 시라노 드 베르주라크(Savinien de Cyrano de Bergerac)
(1619년~1655년)는 [달세계 비행기](1657년)를 썼으며, 그가 과학의 지
식도 많았다는 것을 알 수 있습니다. 혹성은 지구와 같은 천체로, 다른
별들은 태양과 같지만 너무 멀기 때문에 빛의 점만 보이고, 무수한 별의
각각에 혹성이 있을 것이다, 우주는 무한한지 그 끝은 있는지에 대해 논
했기 때문입니다. 달에 가는데도 처음에는 물을 넣은 페트를 몸에 묶어
태양을 쬐어 상승하려 했습니다. 물이 태양광에 의해 뜨거워져 증기가
되어 상승하는 것을 이용하려 했던 것입니다. 그것이 무리라는 것을 알
게 되자 다단식 로켓과 비슷한 것으로 달까지 도달하는 이야기로 했습
니다. 달에는 4개의 다리로 걷는 지적 생명체가 존재해, 과학문명을 발
달시키고 있다는, 자유로운 공상으로 우수한 SF를 만들었습니다. 시대
를 선구한 소설이라고 할 수 있을 것입니다.

　또한 코페르니쿠스의 지동설과 데카르트의 와동설을 소개하고, 우
주가 어떻다는 것을 소설로 쓴 사람이 베르나르 퐁트넬(1657년~1757
년)의 [세계의 다양성 대한 대화](1686년)입니다. 책제목에서 알 수 있

듯이 다양한 우주 세계를 당연시하고 있으며, 무제한으로 넓은 공간에 와운동으로 천체가 당양하게 형성되어 있다고 데카르트의 모델이 배경에 담겨 있습니다. 이론적으로 유추되는 우주론입니다만 다이나믹한 자연관을 알릴 수 있었습니다. 19세기가 되자 [SF의 아버지]라고 불렸던 쥘 베른(1828년~1905년)이 달에 인간을 달에 보낸다는 소설인 [지구에서 달까지](1865년)와 [달세계 일주](1870년)를 썼습니다. 길이 270m의 대포 포탄형의 우주선을 쏘아 올리는 방식은 황당무계하지만, 이 시대에는 역학법칙이 확립되어 있어, 간단하게는 지구중력을 설명할 수 없다는 점에서 관심을 받지 못했을 것이라 생각합니다. 결국 대포로 무거운 포탄을 발사하는 방법을 발전시키는 것은 불가능했을 것입니다. 달에 도착하면 역분사해 속도를 낮추는 것까지 고려했고, 그것이 틀렸기 때문에 달에 착륙하지 못하고, 그대로 지구로 돌아와 태평양에 착륙한다는 줄거리는 과학적으로 납득할 수 있는 내용입니다. 그는 어떻게 달까지 인간을 보내는 것에만 흥미가 있었던 것인지, 달에는 도착하지 못하고, 따라서 달의 문명에 대해서는 한마디도 언급하지 않았습니다.

한편 H.G.웰즈(1866년~1946년)는, 중력차단물질을 사용해 우주로 가는 [달세계 여행](1901년)을 발표했습니다. 온 힘을 다해 지구의 중력에서 나오는 것이 아니라 중력을 없애는 이론(중력을 취소시키는 반동력, 혹은 중력을 차단하는 반동물질)을 발표했지만, 그도 어떻게 해서 우주로 갈 것인지를 고민했었다는 것을 알 수 있다. 그리고 그가 쓴 것은 문명의 진화와 함께 인간의 차별이 심해지지 않을 것인가에 대해 불안했을 것이라 생각합니다. 달에서 우주인을 데리고 지구로 와서 같이 사는 생활을 하는 것은 최신 작품인 [타임머신](1895년)에 쓴 인간의 차별과 통하는 것이 있기 때문에…

이처럼 SF에서 쓰인 달 여행도 시대가 지나면서 점점 복잡해지는 점이 있습니다. 바로 근처에 있는 달이어도 간단히 지구의 중력을 벗어나 가는 것은 불가능하기 때문입니다. 우리들은 로켓을 강한 스피드로 가속시킴으로써 우주여행이 가능해졌다는 것은 알고 있지만, 실제로 그것은 어떤 과정에서 실현할 수 있었을까요.

로켓의 전사(前史)

지금의 로켓은 미사일을 발사하는 중요한 군사기술이지만, 시초의 로켓의 시작도 전쟁과 깊은 관계가 있는 것은 역사의 필연일지도 모릅니다.

우선 로켓의 원리부터 시작해 봅시다. 로켓의 발사장면을 영상으로 본 사람은 많을 것이라 생각합니다. 자욱한 연기(수증기)가 올라가는 중, 1단 로켓의 밑부분에서 강한 가스의 화염이 분사되어 곧 천천히 로켓의 본체가 상승해 가는 모습을 볼 수 있습니다. 그대로 계속해서 뒷부분에 가스 화염이 분출되면서 속도가 계속해서 올라가고, 초속 8km의 속도가 되면 인공위성이 발사됩니다. 로켓은 고속의 가스를 분출시키는데, 그 반동(반작용)으로 본체가 역방향으로 움직임이 계속되면서 가속화됩니다. 물리학의 단어로는 [운동량 보존법칙]이라고 하며, 분출되는 가스의 속도와 무게를 곱한 양이 움직이는 본체의 속도와 무게를 곱한 양에 동일하다는 관계를 이용하고 있습니다.

운동량 보존의 가장 간단한 예는 당구로 A라는 공을 쳐서 굴려, 멈춰져 있는 B를 쳐서 움직이게 하는 경우입니다, 보통 A · B의 공은 같은 질량이기 때문에 정면충돌하면 A는 멈추고, B는 같은 속도로 움직이게 됩니다. A가 갖고 있던 운동량(=A의 질량×속도)이 B의 운동량(=B의 질량×속도)로 이동되었기 때문입니다. 여기서 속도라는 단어를 사용하는 것은, 속도는 빠르기와 그 방향까지 포함한 것이며, 한쪽으로 향하는 것을 더하면 반대 방향을 마이너스로 정의하게 됩니다.

로켓의 경우는 C라고 하는 하나의 성향이 있어, 그것이 A와 B를 분해하고 서로 역방향을 하게 될 경우에 대응합니다. 원래 C의 운동량은 (멈춰 있기 때문에) 0이기 때문에 A의 운동량과 B의 운동량을 더해도 제로가 되어야 합니다. 더욱이 C의 운동량=0=A의 운동량+B의 운동량이 됩니다. 이때 A의 운동량이 플러스가 되면 B운동량은 마이너스로, 움직이는 방향이 반대가 됩니다. 그리고 A, B가 동시에 역방향으로 움직이게 되는 것입니다. A를 로켓의 뒷부분에서 계속적으로 분사해 가스를 내보내고, B를 로켓 본체로 한다면 로켓이 점점 가속화되어 이동하는 것을 알 수 있을 것입니다.

이렇게 매우 빠른 속도로 가스를 계속해서 분사하면 남은 부분이 역방향으로 빠른 속도를 얻게 됩니다. 이 원리가 처음으로 사용된 것이 중국의 송나라 시대(11세기부터 12세기)에 발명된 화전(火箭)라고 하는 무기입니다. 중국에서는 이미 7~9세기에는 화약이 발명되었고, 그 화약을 이용한 것이 화전입니다. 가늘고 긴 화살의 후단부에 화약이나 대나무 통을 묶어, 여기에 도화선에 점화하면 거기서 나온 화염이 뒤로 세차게 분사하는 구조로 되어 있습니다. 중국어로 화전은 정확히 로켓을 의미하는 듯합니다. 화염이 분사되면 그 반동으로 화살은 사람이 활로 쏘는 것보다 현격히 빠른 속도로 날아가, 적이 도망갈 틈도 없이 화살에 맞게 됩니다. 화살 앞에 독을 묻혀 뾰족한 창으로 만든다면 더욱 효과적으로 적을 소탕할 수 있게 됩니다. 그렇기 때문에 [화창(火槍)]이라고도

부르는 듯합니다.

13세기가 되면 이 무기는 중국을 점령한 몽골군에게 인계되어 대나무로 긴 화살로 만든 후 한 번에 여러 발을 쏠 수 있게 되어 위력을 높인 듯합니다. 화살이 길면 날아가는 것이 안정되어 적을 쉽게 목표로 삼을 수 있습니다. 몽골제국은 아시아를 정복하고 유럽까지 공격한 결과, 이 기술은 아랍이나 유럽으로 퍼졌습니다. 화약에 대해서 아무것도 알지 못했던 일본이 화약을 사용한 무기에 처음으로 알게 된 시기는 몽고군 내침의 난(元寇)이라고 합니다. 그것을 [진천뢰(震天雷)]라고 하며, 상자 안에 몇 십 개의 화살을 붙여 떨어진 장소에서 점화하면 일제히 화전이 날아오르게 되어 있기 때문에 사실 무서운 무기였다고 생각됩니다. 이 공격을 받은 아랍인들은 [거란(契丹)의 화살], [불을 내뿜는 무기]라고 부르면서 매우 두려워했습니다.

로켓이라는 이름은 1379년에 이탈리아의 무라토리(Muratori)라는 사람이 화약의 폭발을 추진력으로 하는 무기를 로체타(Rocchetta)라고 부르는 것이 기원이라고 할 수 있습니다. 로체타는 직기(베틀)에 사용되는 실타래기입니다. 화전이나 화창에 이러한 이름이 붙여졌다는 것은 유럽에서 폭넓게 로켓이 사용되었음을 의미합니다. 화살 묶음을 철제 통에 넣게 되면 방향이 고정되어 명중률을 높일 수 있고, 또한 화약의 양을 증가시켜 폭발력이 커지면서 다수의 화전을 쏠 수 있게 되었습니다.

머지않아 화살이 아닌 둥근 돌을 채우고 화약을 사용해 날려 보내는 무기로 바뀌었습니다. 대포의 첫 기록은 [봄바드(Bombard)]라는 이름의 신무기인데, 1450년 무렵에 등장되었다고 합니다. 하늘에서 돌이 떨어지기 때문에 적을 크게 두려워하게 했지만, 명중률이 낮다는 점이 큰 결점이었습니다. 여기서 청동을 사용한 얇고 긴 포신으로 제작해 안정적으로 폭발하도록 돌 대신에 철을 사용하여 작은 탄의 화약을 만들고, 포의 반동을 흡수하도록 개량한 것이 [캐논(Canon－대포)]입니다. 이 결과 로켓(화전)은 쇠퇴하고 대포가 주력이 되는 시대가 되었습니다. 또한 같은 시기에 철포가 발명되었습니다. 기본적으로는 화약의 폭발력으로 작은 포환을 고속으로 쏘는 철포도 화전의 뒤를 이었다고 할 수 있을 것입니다. 철포는 로켓보다 명중률이 높고, 쉽고 간단하게 다룰 수 있으며, 크기는 소형으로 운반이 쉽고, 다수의 사람들이 동시에 사용할 수 있다는 점에서 무기로서 장점을 갖추어 빠른 속도로 전 세계에 퍼졌습니다. 일본에도 다네가시마(種子島)에 포르투갈 사람들이 표착하면서 철포가 알려졌습니다. 그러나 일본은 그 후(에도시대) 철포는 사용되지 않았다고 하는 세계에서도 좀처럼 없는 국가입니다.

일단 쇠퇴된 로켓(화전)입니다만 인도에서는 아직 사용되고 있었습니다. 2m 정도의 대나무 기둥에 화약통을 두른 것으로 멀리서 코끼리를 위협하는 데 사용되었습니다. 그리고 18세기에 인도의 수장이 영국의 동인도회사의 군대를 쫓아내기 위해 로켓 공격을 하여 큰 손해를 입어, 그 위력을 다시 보게 되었습니다. 영국군의 포병부대에 있던 윌리엄·콩그리브(William Congreve)가 화약통을 철로 만들어, 3종류를 혼합한 화약을 만들었고 고온 발화하도록 제작해 앞부분에 로켓 모터를 붙여, 사정거리가 7km나 되는 기술적 개량을 통해 전장에서 사용할 수 있는 무기로 부활시켰습니다. 이 무기는 영국군이 1806년부터 1813년까지 이어진 나폴레옹전쟁, 1814년의 미국 독립전쟁([로켓은 붉게 빛나고, 폭발은 공중에서 폭발한다]가 미국국가 가사의 원조가 되었습니다), 1815년 워털루전쟁 등에서 큰 성과를 이루었다.

콩그리브의 로켓은 자세제어가 불가능했기 때문에 명중률이 높지 않았습니다. 이를 개량한 것이 윌리엄 헤일(William Hale)입니다. 헤일은 본체를 기체 축 방향으로 회전하면서 발사가 가능하다면 안정된 비행을 하면서 명중률이 높아질 것이라고 생각해, 로켓에도 회전하는 방식을 적용했습니다. 헤일의 로켓은 미국군이 1846년 멕시코전쟁과 1861년의 남북전쟁에서 사용되었고, 영국군이 1879년의 줄루전쟁에서 사용하였습니다. 그러나 명중률의 정확성이 떨어지면서 사용도가 떨어졌습니다. 그래서 무기로서 개발되었지만, 무거운 물건을 옮긴다거나 사람이 탑승한다는 것은 생각할 수 없었습니다.

로켓의 개발

이러한 로켓의 개념을 뒤엎은 인물은 [우주비행의 아버지]라고 불리는 콘스탄틴 · 치올콥스키(Konstantin Tsiolkovsky, 1857년~1935년)입니다. 그는 어린 시절에 유약하고 양쪽 귀가 들리지 않았지만 독학으로 중학교사가 된 한편 러시아 물리학협회의 회장으로서 과학논문에 힘을 쓴 노력적인 사람이었습니다. 1890년에 금속비행기 이론을 제출했지만, 실제로 독일의 체펠린(Zeppelin)이 완성된 것은 1900년으로, 이보다 10년 빠르게 우수한 비행선을 예견했다고 합니다. 또한 1891년에는 비행기의 연구를 시작으로, 기체를 유선형의 금속으로 씌우고, 강하면서 견고한 날개를 달아 동력원을 싣는 제안을 했습니다. 지금의 비행기의 원리인 것입니다. 그러나 이 제안은 아카데미 심사에서 떨어졌습니다. 지나치게 그의 제안이 앞서갔기 때문에 심사원들에게는 그 중요성이 이해되지 않았을 것입니다.

그는 이미 1883년에 지구의 중력이 작용하지 않는 [자유공간]에서 운동하기 위해서는 물건을 던져 그 반동을 이용(즉, 운동중량보존의 법칙을 사용)하는 제안을 했었습니다. 로켓에서 가스를 분사해 나아가는 것을 구체적으로 생각했던 것입니다. 그래서 1897년에 [치올콥스키 공식]으로 알려진 최초의 로켓 이론을 발표했습니다. 로켓이 얻는 최종 속도를 처음의 질량과 연료가 끝날 때의 시간을 로켓 본체의 질량 대비와 분사가스의 본체에 대한 상대속도로 나타낸 것입니다. 분사되는 가스의 속도가 클수록, 또한 처음과 끝의 질량대비가 클수록, 로켓의 속도가 빨라진다는 것을 뜻합니다. 매우 간단한 방정식이지만, 그것으로 로켓의 움직임을 설명할 수 있습니다.

이어 1903년에 발표된 논문에서는, 액체수소와 액체수소의 조합하는 것이 가장 높을 효율을 보이며, 로켓의 모양은 유선형으로 제작하고, 자세제어를 위해 날개를 다는 [반작용 모터]를 제안했습니다. 이 논문에서 [지금 불가능한 것은 미래에 가능해진다]는 말이 타이틀에 적혀있었습니다. 1920년대에는 다 태운 로켓모터를 분리해 다음 모터로 점화하는 과정을 반복하는, 다단식 로켓(그는 [로켓열차]라고 부릅니다)을 생각하고 있었습니다. 다단식이 가능하면 같은 속도를 얻는 데 적은 연료로 사용이 가능하다는 것을 증명한 것입니다. 그 외에 이온로켓(마이크로파로 이온화한 입자를 전계(電界)로 가속시키고 분출시켜 그 반동으로 로켓을 추진하는 것을 말합니다), 우주스테이션(우주공간으로 간 사람이 살 수 있는 인공천체), 태양범선(태양으로부터 나오는 우주선(宇宙線)의 힘을 받아 항행하는 우주선) 등을 제안했고, 모두 지금까지 실현하고 있다고는 할 수 없습니다(원자력 로켓이나 태양계 공간으로의 인류 진출 구상도 나오고 있습니다). 그의 [지구는 인류의 요람이지만 우리들은 영구적으로 요람에

머물러 있지는 않을 것이다]라는 말은, 그의 우주진출로의 꿈을 표현하
는 말일 것입니다.

치올콥스키는 로켓이론을 만들고, 더 나아가 우주공간의 이용과 인
류의 진출에 대해 언급했지만, 그 이론이 현실에 있어 통할 수 있을지는
실제로 실험을 해 보지 않으면 안 되었습니다. 그리고 현실가능성이 보
이지 않는 한, 군으로부터 지원도 없기 때문에 민간의 도움으로 조금씩
밖에 할 수 없었습니다. 그러나 기술개발은 시기가 무르익으면 전 세계
에서 같은 시기에, 같은 테마로 연구하는 사람들이 나타나게 되어 있습
니다.

그 한 사람으로서 미국의 로버트 고더드(Robert Goddard)(1882년~
1945년)가 있습니다. 1926년에 액체연료 로켓을 발사한 것이 처음으
로, 인간의 팔 길이 정도의 크기로, 2.5초 동안 100m 정도의 높이까지
올라갔습니다. 이것이 인류 최초의 로켓이었습니다. 그 후 점점 대형화
되어 높은 고도까지 갈 수 있도록 계속해서 계량되었습니다. 1920년의
논문에서 [로켓은 진공 우주공간에서도 비행할 수 있다]고 주장한 것에
대해 뉴욕 타임즈가 [진공우주에서는 로켓은 비행할 수 없다]는 기사를
쓰면서 부정하였습니다(뉴욕 타임즈는 1969년의 아폴로의 달 착륙 전날에,
어느 기사는 잘못되었다고 사죄하였지만 이미 늦었습니다). 이러한 일도 있
어서 그런지 그는 사람을 견제했고, 혼자서 연구를 계속하였습니다. 제
2차 세계대전 중에는 미국 해군을 위해 로켓공학에 관한 연구에 대해
평가받으려 했지만, 해군은 평가를 하지 않았고, 단지 공모의 함재기가
짧은 거리의 활주로에서 이륙할 수 있는 로켓엔진을 보조하는데 사용
했을 뿐이었습니다. 그가 연구해서 얻은 로켓의 특허는 214건이나 되
고, 그 중요성에 인식하게 된 미국 정부는 아폴로계획을 실행할 때 전부

매수했다고 전해지고 있습니다. 고더드는 [근대 로켓의 아버지]라고 불립니다.

독일의 헤르만 오베르트(Hermann Oberth)(1894년~1989년)는 유년 시절에 쥘 베른의 소설을 읽고 우주의 꿈을 키웠습니다. 그는 [행성공간으로의 로켓]과 [우주여행에의 길](1929년) 등을 발표해, 독일의 젊은이들에게 꿈을 실어 주었고, 1927년에 독일 우주비행협회가 발족되어 다음해에 회장으로 선출되었습니다. 이 협회는 프랑스, 영국, 미국으로 알려지면서 로켓개발의 민간 후원자가 되었습니다. 1929년에 폰 브라운과 함께 로켓 개발에 착수했고, 나치 정권에서 V2로켓개발에 성공했습니다. 전후, 먼저 미국으로 건너갔던 브라운에게 초대되어 오베르트도 미국으로 가, 군사개발에 협력했다고 합니다. 로켓개발의 아마추어에서 프로의 시대를 살아왔던 인물이라고 할 수 있습니다.

치올콥스키라는 위대한 개척자도 있었기 때문에, 구소련에서는 빠른 단계로 국가의 지원을 받아 로켓연구가 시작되었습니다. 1921년에 군의 유지로 로켓연구 그룹이 만들어졌고, 1931년에 [반작용 연구추진 그룹]이 설립되어 그 리더가 프리드릭 챈더(Friedrich Zender)(1880년~1933년)였습니다. 가솔린 연료를 사용하고, 액체산소를 산화제로 사용한 엔진을 연구해 [길드X(Guild-X)]로켓을 제작했습니다. 이 무렵부터 함께 작업을 했던 인물이 세르게르 코롤레프(Sergei Korolev)로, 소련의 우주개발을 선도한 인물입니다. 한편 1928년에 레닌그라드에 설립된 기체역학연구소의 리더가 발렌틴 글루시코(Valentin Glushko)(1980년~1989년)로, 연료에 케로신을 사용한 로켓을 개발했습니다. [길드X]에는 글루시코도 참가했으며, 1930년대 중반부터는 고체연료 로켓에도 도전하게 되었습니다. 제2차 세계대전 중에 소련에서 독일을 목표로 발사된 [카츄사(Katyusha) 로켓]은 고체연료 로켓이었습니다.

　지금까지 제2차 세계대전 전까지의 로켓 연구를 천천히 살펴보았는데, 나치 독일이 본격적으로 무기로서 사용하기 시작하면서 개발이 급속히 진행되었고, 다음 장에서 정리했듯 군사를 위해 개발할 수밖에 없었습니다.

제 2 장

세계 우주개발의 역사

세계 제2차 세계대전에 독일이 V2로켓을 개발해 영국을 공격한 후 로켓의 군사무기로서의 유용성을 재확인하자, 대전 이후에는 대륙 간 탄도미사일의 개발을 위해 미국과 소련이 경쟁하기 시작했습니다. 그 것이 완성되었을 때가 1957년이지만, 거의 같은 시기에 인공위성 발사 가 실현 가능해졌습니다. 그로 인하여 순식간에 우주시대가 도래되었 고, 과학위성, 통신위성, 지구관측위성, 혹성탐사기, 달 착륙 등의 유인 비행, 국제우주정거장 등의 민간 이용과 동시에, 스파이위성, 우주방위 구상, 우주정보탐사, 해양정보탐사, 미사일방어, 인공위성의 파괴, 우주 통신감청(傍受) 등 우주의 군사이용도 더욱 활발해졌습니다. 앞으로 우 주가 전쟁의 장소로 변화될 위험성도 있으며, 실제 미사일로 인공위성 을 파괴하는 일도 있습니다. 또한 우주에서 인공위성끼리 충돌하는 사 고도 일어나는 등 우주가 과밀상태라는 점을 알고 계실 것입니다. 그리 고 우주쓰레기인 스페이스 데브리문제도 계속해서 심각해지고 있습니 다. 이번 장에서는 이와 같은 우주개발의 과거 70년의 역사를 되돌아보 고자 합니다.

폰 브라운(Wernher von Braun)과 코롤료프(Korolyov)

세계 로켓개발의 처음 20년은 독일에서 나치를 위해 개발된 V2를 시작으로, 제2차 세계대전 후에는 미국의 우주개발을 선도한 베르너 폰 브라운(Wernher von Braun)(1912년~1977년)과 소련의 우주개발을 지 휘한 세르게이 코롤료프(Sergey Korolyov)(1907년~1966년)인 두 사람 으로 집약할 수 있다는 것은 분명하다고 생각됩니다. 미소냉전의 시대 가 계속되면서, 우주개발도 국가의 위신을 걸고 경쟁상태였습니다. 그

것은 국가의 과학기술 레벨의 경쟁의 의미도 있으며, 동시에 하늘의 지배와 우주의 군사화를 함께 경쟁했다고 할 수 있을 것입니다.

브라운은 이름 앞에 폰(von)이 붙을 정도로 유서 깊은 집안의 귀족(남작)출신입니다. 중학생 시절 수학이 부족했지만, 오베르트가 쓴 책에 끌려 우주에 관심을 갖게 되었고, 이 책에 나오는 공식 등을 이해하기 위해 수학 능력을 키웠다고 합니다. 독일우주비행협회의 멤버가 되었고, 나치의 권유로 인하여 로켓 연구를 하게 되었습니다. 25살 무렵 발트해 연안에 건설된 기밀기지 페네뮌데(Peenemunde)의 기술책임자가 되어 1939년에는 관성유도장치가 포함된 A-3형 로켓을 성공시켰습니다. 그 실력을 인정받아 1943년에는 보다 많은 폭약을 제작했고, 더 긴 사정거리, 명중률이 높은 A-4형 로켓을 완성시켰습니다. 그러나 브라운은 [군사용 로켓이 아닌, 우주탐사에 관심이 있다]는 이유로 SS(히틀러의 친위대)나 게슈타포(Gestapo)(국가비밀경찰)에 검거된 적이 있었고, 히틀러의 설득으로 석방되었습니다.

히틀러는 완성된 A-4로켓에 V2(V는 [보복무기]라는 의미)라는 이름을 붙였습니다. 전쟁에서 열세되었다는 의미에서 이러한 이름을 붙인 것입니다. 브라운은 V2를 영국의 공격에 사용하는 것을 반대하였지만, 1944년 9월 8일부터 실전에 투입되었습니다. 1945년 3월까지 약 7개월간 V2로켓은 1,500발 이상 영국 남쪽에 떨어졌으며, 2,500명 이상의 인명을 빼앗고, 수많은 집과 시설을 파괴했습니다. 정말 V2로켓은 살인미사일이 된 것입니다.

히틀러가 자살함으로써 미국군은 로켓조립라인과 남겨진 300기의 V2 및 브라운이 숨겨 두었던 자료 전부를 가져갔고, 한편 소련군은 페네뮌데의 공장을 점령해 로켓제작의 연구원과 조립라인을 손에 넣었습

니다. 이렇게 독일에서 개발된 로켓기술의 노하우는 미국과 소련에게
전달되었고, 각각 전후 우주개발에 활용되었습니다. 폰 브라운은 전후
바로 미국으로 이주해(1950년에 귀화했습니다), 미국의 우주개발에 협력
하게 되었습니다. 그는 미국을 위해 레드스톤(Redstone)로켓(탄도미사
일), 쥬노(Juno)Ⅰ(미국의 첫 인공위성 익스플로러를 발사했습니다), 새턴
(Saturn)로켓(1969년 아폴로 계획에서 달 착륙에 성공했습니다) 등, 계속해
서 대형로켓개발을 했습니다. 그는 [달까지 도달할 수 있는 로켓을 개
발하는 것이 나의 목적으로, 그와 같은 대형로켓이 개발할 수 있는 것은
군뿐만 아니라, 우주로 사람을 보낼 수 있다면 악마와도 손을 잡아도 좋
다]는 생각을 갖고 있었습니다.

한편 소련의 코롤료프는 액체로켓을 성공시킨 후 1933년 26살에 제
트추진연구소의 소장으로 발탁되었습니다. 로켓개발은 완전히 새로운
기술이기 때문에 젊은 사람을 앞세워 진행하게 된 것 같습니다. 그는 소
련으로 이주한 독일인 기술자의 협력을 받아 1947년에 V2를 개량시킨
R-1이라고 불리는 다단두형 로켓을 발사해, 이후 계속해 기술을 쌓았
고, 1957년 8월에는 R-7 실험에 성공했습니다. R-7은 사정거리가
7,000km나 되어, 대륙 간 탄도미사일(ICBM)로서 배치되었습니다. 더
욱이 우선 장거리 미사일을 개발하는 것이 목표였습니다.

그러나 뜻밖에 이 R-7로켓으로 1957년 10월 4일에, 세계 최초의
인공위성을 발사하는데 성공했고, 스푸트니크1호로 이름을 붙였습니
다. 실제 그에게는 인공위성을 발사할 의도는 없었지만 성공했다는 뒷
이야기가 있습니다. 그것을 전 세계에서 성원하고 있다는 점도 있어, 이
어서 2월 3일에는 라이카견을 태운 스푸트니크2호를 성공시켰습니다.
이렇게 소련의 과학·기술의 우위성을 발견하게 되었습니다. 미국은 초

조한 마음으로 1957년 12월에 밴가드(vanguard, 해군)의 실험발사를 했
지만 실패했고, 미국이 과학·기술이 뒤떨어져 있다고 알려져 권위가
떨어졌습니다. 이것을 [스푸트니크 쇼크]라고 하며, 미국의 과학교육의
재검토하는 계기가 되었습니다. 결국 미국이 인공위성 발사에 성공한
것은 1958년 1월 31일의 익스플로러1호로 폰 브라운박사가 설계했고
육군이 개발한 레드스톤(redstone)로켓의 개령형인 주노(JUNO) Ⅰ 로켓
이었습니다.

더욱이 코롤료프는 1961년 4월에 보스토크(VOSTOK) 1호로 유리
가가린을 우주로 보내면서 인류 최초의 유인비행을 성공시켰습니다.
가가린은 지구를 일주하고 무사히 귀환했습니다만, 그 비행시간은 겨
우 108분이었습니다. 그가 말한 [지구는 푸르렀다]는 후세에 남는 명언
입니다. 이어 8월에 게르만 티토프를 태운 보스토크 2호를 발사, 25시
간 우주에서 체재했습니다. 본격적인 유인비행의 첫걸음입니다. 여성
첫 우주비행사는 1963년 6월의 보스토크 6호를 사용한 발렌티나 테레
시코바(Valentina Tereshkova)로, 위성의 호출부호인 [Chaika(갈매기)]
에서 [나는 갈매기]가 유행어가 된 것으로 알려져 있습니다.

소련의 로켓은 R시리즈로 불리면서 R-16까지 개발되었습니다만,
R-7이 기간로켓으로, 그 후에는 이 로켓의 발전형이라고 합니다. 소형
로켓 6대를 묶어(크러스트) 동시점화를 통해 큰 추력을 내는 방식으로
지금까지 이어지고 있습니다. R-7은 우수한 로켓이라고 할 수 있습니
다. 코롤료프는 유인 달탐사를 목표로 대형 우주선 소유즈의 개발을 진
행했고, 더불어 대형 추진력의 N-1로켓 개발을 진행했지만 이것은 실
패로 돌아갔습니다. 그는 1966년에 암으로 인하여 사망했습니다. 소련
의 우주개발에 모든 것을 다 받친 사람이지만, 소련의 비밀주의 때문에

살아생전에 대부분 그의 이름은 알려지지 않았습니다.

　V2의 유산은, 프랑스에도 계승되었습니다. 나치 정권의 붕괴 후, 독일국내에 남아 있던 기술자를 초대해 로켓개발에 종사시켰습니다. 1965년에 프랑스는 인공위성의 발사에 성공했고, 세계에서 3번째로 위성보유국가가 되었습니다. [다이망(다이아몬드)]시리즈로, 이후 10년간 12기의 인공위성을 발사했습니다. 한편 영국은 미국과의 계약으로 1955년부터 중거리 탄도미사일의 개발을 시작했지만 예산부족으로 1960년에 중단되었습니다. 영국은 핵무기를 수송하는 미사일을 원해서 개발하려했지만 그것이 순조롭지 않았던 것입니다.

　그렇다고 해서 미국에 의존하는 것에는 반대가 있었고, 영국이 촉구하여 1964년에 유럽로켓 개발기구를 설립했습니다. 미국과 소련에 대항하는 제3국으로서 유럽이 단결했던 것입니다. 영국·프랑스·서독일(당시)·벨기에·이탈리아·네덜란드(오스트리아는 협력국)가 참가해 로켓 [유럽]을 개발하는 것이 목적이었습니다. 그러나 로켓개발은 성공시키지 못하고 해체되었고, 1975년에 우주개발과 우주를 연구하는 기관으로 유럽우주기구(ESA)가 설립되었습니다. 지금은 19개국이 참가하고 있고, 프랑스가 중심이 되어 운영하고 있습니다(발사기지는 프랑스령의 기아나입니다). 인공위성 발사로켓인 [아리안 시리즈]를 성공시키면서, 아리안·스페이스사에서 상업용 발사도 맡고 있습니다. 지금 세계의 많은 로켓기업들이 했으며, 세계의 인공위성 발사의 반 정도는 아리안이 수주할 정도로입니다. 이를테면 [아리안]은 영웅 테세우스를 미궁에서 구출한 아리아드네(Ariadne)의 프랑스어 표기입니다.

　원래 아리안은 유럽 공동의 로켓이기 때문에 한 국가의 정치적 상황에 좌우되지 않았고, 지금까지 군사위성으로 사용되지 않았다는 특징이 있습니다. 물론 영국이나 프랑스는 핵무기를 보유하고 있으며, 그것을 탑재한 잠수함 발사 탄도미사일(SLBM)은 보유하고 있었지만, 그것은 미국과 관계없는 독자의 미사일 개발에 의한 것으로, 유럽국가는 대륙간탄도미사일(ICBM)이나 중거리 탄도미사일(IRBM)은 보유하지 않았습니다. 아리안은 평화적인 목적에 철저했다고 할 수 있습니다. 현재 세계에서 ICBM을 보유하는 국가는 미국과 러시아, 그리고 중국뿐입니다(북한의 대포동미사일은 ICBM의 범주 안에 들어갈 만한 비행거리에 도달했는지는 알 수 없습니다).

다양한 인공위성

한편 여기서 장거리탄도탄의 미사일과 인공위성의 차이에 대해 이야기하고 싶습니다. 지금까지 북한은 [인공위성] 발사라고 언급한 것에 대해, 일본이나 미국은 [미사일]발사였다고 강하게 비난한 적이 몇 번이나 있었습니다. 그래서 미사일과 인공위성은 비행물체로서 어떻게 다를까요. 또한 날기 위한 로켓기술은 같은 것일까요.

어떤 것도 로켓의 탄두부분에 탑재되어, 미사일에는 핵무기, 인공위성에는 관측기기가 들어가 있어, 목적에 의해 탑재되는 것은 서로 다른 것은 확실합니다. 하지만 상공으로 발사되면 로켓본체에서 분리되어, 일단 대기권을 넘어 100km 이상까지 높게 부양한다는 점에서는 바뀌는 점이 없습니다. 로켓이 탄두부를 공중으로 올려 보내는 역할은 둘 다 같습니다.

그러나 미사일과 인공위성은, 목적에 따라 그 후에 차이가 있습니다. 미사일은 일단 대기권 밖으로 나간 후 포물선궤도를 그린 후 다시

제2장 _ 세계 우주개발의 역사   43

대기권으로 돌입하며, 표적에 핵무기와 부딪혀 파괴하도록 설계되어 있으며, 인공위성은 대기권 밖으로 나갔다가 다시 가속화되어 초속 8km를 넘어, 그대로 400km 이상의 고도까지 이르러 지구 주변을 도는 궤도로 진입합니다(더욱 가속화하여 초속 2.2km를 넘게 되면 지구의 중력을 벗어나 혹성탐사기가 됩니다). 결국, 탄두부가 대기권 밖으로 나간 후 재돌입할 것인지(미사일), 그 상태로 계속해 대기권 밖을 주회할 것인지(인공위성)의 차이입니다. 그 차이가 매우 적을 것으로 보이지만, 사실은 탄두부의 설계로 그 차이는 큽니다.

최초로 개발된 것은 미사일이지만, 재돌입 시에 공기와 격한 마찰을 하기 때문에, 탄두의 가장 끝부분이 뜨거워지면서 녹아 버리는 난제가 있었습니다. 녹거나 타 버리게 되면 탄도는 공중분해되어 무기가 될 수 없습니다. 그렇기 때문에 가장 끝부분이 뾰족한 탄두를 사용하는 방안을 고려해야만 했습니다. 미사일의 끝부분이 창처럼 뾰족하게 된 것도 이 때문입니다. 이에 대해 인공위성은(유인우주선 이외에) 재돌입을 하지 않기 때문에 탄두부는 둥근 모양이어도 괜찮고 단순히 추진력이 큰 로켓을 만들면 됩니다. 1957년에 소련에서 인공위성을 성공시켰을 때는 [인공위성은 의외로 간단했다]라고 코롤료프가 말했습니다. 인공위성은 완성 후, 가가린의 유인비행이 성공할 때까지 4년 정도가 걸렸지만, 그것은 인간을 태운 탄두부가 대기권 안으로 재돌입할 때에 타지 않도록 설계되었고, 재돌입하는 각도도 연구하는데 시간이 걸렸다고 생각됩니다.

이러한 점에서 북한의 로켓이 운반한 것은 미사일인지 인공위성인지의 구별은 탄두의 끝부분이 뾰족한지 둥근모양인지를 보면 판단할 수 있습니다(위장의 경우도 있기 때문에, 좀처럼 단순하지 않습니다).

인공위성은 대략적으로 분류하면 과학위성, 지구관측위성(기상위성을 포함), 통신위성, GPS(위치항법시스템), 정찰위성(스파이위성, 정보수집위성이라고 부른다)인 다섯 종류 정도가 있습니다.

과학위성은 그 이름처럼 과학연구를 위한 위성으로 지구 자기권이나 태양, 그리고 우주 자체를 대상으로 전자파(감마선, X선, 적외선, 전파)를 사용해 우주를 관측하는 위성입니다. 초고도 400~600km 정도를 주회하는 위성이 많으며, 경우에 따라 안정적으로 우주를 관측할 수 있기 때문에 라그랑주(Lagrange) 포인트라고 불리는 지구와 태양의 중력장이 같아지는 지점(지구에서 150만km 떨어진 지점)에 위성을 발사해(이 경우는 인공위성이라고 불러야 하는지 모르겠지만) 장시간의 데이터를 연구했습니다. 1990년에 발사된 허블우주망원경(HST)은, 직경 2.4m 가시선·자외선 망원경이 고도 600km로 발사되어 여러 장의 푸른 천체 사진을 제공했습니다. HST의 데이터를 사용해 지금까지 1만 5,000개 이상의 논문이 발표되었고, 세계에서 가장 성공한 우주망원경입니다. 망원경이 인공위성이 되어 사용된 것입니다.

지구관측위성은 가시광·적외선·전파 등으로 지구를 상공에서 관측하는 위성으로, 원격탐사(Remote Sensing)라고도 불립니다. 가시선은 물체의 모습이나 형태를 직접 인식할 수 있지만, 구름에 가려지거나 밤에는 촬영이 불가능합니다. 이를 보완하는 것이 적외선 사진으로 밤에도 촬영할 수 있다는 것이 강점입니다. 전파에 의한 형상의 합성법의 경우에는 구름이나 안개에 가려지지 않고 멀리까지 관측할 수 있으며, 각각의 전자파의 특징을 살려 사용하고 있습니다. 상용위성에 의해 촬영된 지상의 화상이 판매되어, 구글맵에도 이용됩니다. 나중에 다룰 일본의 정보수집위성(스파이위성)은 광학위성과 레이더(전파)위성 2기가

한 세트가 되며, 서로 보완하도록 운용되고 있습니다. 기상위성은 구름의 분포나 움직임, 수증기의 관측, 강우량의 측정, 이산화탄소의 측정 등, 기상예측 데이터를 제공하며, 태풍의 움직임 등을 선명하게 제공할 수 있다는 것은 잘 알려져 있습니다.

정지기상위성과 통신위성은 고도 3만 6,000km상공을 지구주회와 같은 방향으로 돌고 있고, 지상에서 보면 항상 같은 방향에서(정지해 있는 것처럼) 볼 수 있습니다. 정지기상위성은 항상 구름의 움직임을 감시하며, 통신위성은 항상 바로 위에 있기 때문에 지상과 위성 간의 전파를 주고받는 것이 편리합니다. 위성 궤도의 고도가 정해져 있기 때문에 빠른 발사가 승자로 궤도의 대부분에는 위성이 발사되어 있으며, 지금은 거의 공간이 없습니다.

GPS위성(위성항법시스템위성)은 6개의 궤도에 4기씩 총 24기의 인공위성을 배치하며, 복수(3개 이상)의 위성에서 전파를 받아 시간차를 계산하고, 지상의 위치를 정밀하게 결정할 수 있습니다. 위성의 숫자를 좀 더 늘리게 되면 계산의 정밀도가 높아지고, 또한 숫자가 증가하면 데이터를 얻기 때문에 산이나 고층빌딩과 같은 장해물이 있어도 위치를 정할 수 있습니다. GPS위성은 오로지 내비게이션에 쓰이며, 내비게이션 때문에 발사되었다고 생각할지 모르지만, 그렇지는 않습니다. 원래 목적은 군사용입니다. 군대가 이동할 때, 특히 잠수함이 바다에 잠수해 이동해 올라왔을 때, 어느 위치에 있는지 결정하기 위해 상공에서 전파를 보내고 있습니다. 내비게이션은 군대의 작은 이유라고 할 수 있습니다.

지구관측위성은 상공으로부터 지상이나 해상에서 적의 군대나 기지의 움직임, 활동상황을 화상정보로 살피는 스파이위성의 역할도 하

게 되었습니다. 물론 정찰위성(일본에서는 정보수집위성이라고 부릅니다)
이라는 스파이전용위성이 다수 발사되었습니다. 스파이위성은 해상도
를 높이기 위해, 지상에서 150~250km의 저고도에서 비행하는 경우가
많고, 대기가 무거워지면 바로 고도를 낮춰야 하기 때문에 빈번히 고도
를 수정하지 않으면 안 됩니다. 그리고 지상에서 어떠한 사건이 일어나
면 그 방향으로 바로 자세를 고쳐야 하기 때문에 위성에 탑재된 연료를
단시간에 사용하게 되며, 수명도 짧아집니다. 1기가 500억 엔이나 하지
만, 그 수명은 1~3년밖에 되지 않습니다. 그 때문에 계속해서 스파이위
성을 발사해야 하고, 지금까지 발사된 인공위성의 50~70%는 스파이위
성이었다고 생각됩니다(스파이이기 때문에 정체가 분명하지 않고 정확한 수
는 모릅니다).

러시아(소련)는 [코스모스]시리즈로 여러 위성을 발사했습니다만
(2,500기 이상), 그중에 스파이위성도 있어, 어쩌면 33년 동안 500기 이
상 발사했을 것입니다. 1년에 25기 이상이기 때문에, 매월 1번은 발사
했다고 볼 수 있습니다. 소련은 전자기기가 약한 국가여서 바로 고장이
나거나 부서졌기 때문에, 스파이위성을 보완하기 위해 연이어 발사하
지 않으면 안 되었을 것으로 상상됩니다. 물론 미국도 1959년부터 코로
나(광학), 사모스(전파), 빅버드(광학), 키홀(광학위성), 라크로스(레이더
위성) 등 스파이위성을 많이 발사해 왔습니다. 그 외에 프랑스, 독일, 이
스라엘, 이탈리아, 중국, 한국, 그리고 일본도 정찰위성을 발사해 왔습
니다. 일본의 정찰위성(정보수집위성)에 대해서는 다음 장에서 정리하도
록 하겠습니다.

인공위성이라고 불리지는 않지만, 스페이스셔틀과 우주정거장 등
과 같은 유인우주선도, 지구를 주회하는 궤도상을 항행한다는 의미에

서 인공위성과 마찬가지입니다. 스페이스셔틀은 미국이 1981년부터 2011년까지 30년 동안 135회 발사된 유인비행선입니다. 로켓으로 발사된 궤도선회 우주선으로 거기서 우주비행사가 여러 작업을 한 후에 지구로 돌아오기 위한 우주선으로, 경비절약을 위해 날개가 있는 기체(obiter)와 고체연료보조로켓은 몇 번이나 사용할 수 있도록 고안되었습니다. 최대 7명까지 탈 수 있는 대형 우주선으로 지구로 귀환할 수 있으며, 인공위성에 물건을 수송하거나, 보내거나, 수리할 수 있는 우주왕복선이었습니다. 막 발사된 허블 우주망원경이 빗겨 나간 상황을 스페이스셔틀에서 나가 멋지게 수리한 것은 유명합니다. 그러나 회수해도 우주공간에서의 손상은 크고, 그 수리를 위한 시간이나 비용이 예상보다 높았고, 2번의 공중폭발이라는 대형사고(1986년 챌린저호의 발사 직후, 2003년 콜롬비아호의 귀환 시)가 일어나면서 엄격한 안전기준을 지키기 위해 높은 비용을 들이게 되었습니다. 한 번 발사할 때 20억 엔 정도의 예산이 들어갈 것이라고 생각했는데, 500~800억 엔 정도 필요했습니다. 그래서 우주예산을 압박하게 되었고, 결국 중지되었습니다.

한편 소련은 우주의 유인비행을 위해 보스토크를 개발했고, 1호는 1961년 가가린의 인류 최초의 유인비행에 사용되었습니다. 소련의 경우에는 로켓의 탄두부에 사람을 태워 지구를 주회하는 위성을 우주선이라고 불렀습니다. 2호는 우주비행사 티토프(Titov)가 탑승해 지구를 25회 주회 후, 무사히 귀환했고, 1963년 보스토크 6호로 여성비행사 테레시코바의 우주체류까지 사용되었습니다. 그 후 달 착륙을 목표로 대형우주선 소유즈가 개발되어 1964년부터 사용되었지만, 달 착륙을 미국이 먼저 성공했습니다. 이 때문에 우주정거장의 왕래를 위해 사용되어, 스페이스셔틀이 퇴역한 지금도 국제우주정거장의 왕복선으로 사용되고 있습니다. 우주에서 돌아올 때는 상공에서 역분사를 통해 속도를 줄여, 마지막에는 낙하산을 사용해 지상이나 해면상으로 서서히 떨어지는 방식으로 되어 있습니다. 단순한 구조방식이 간단히 만들 수 있게 함으로써 장기간 사용할 수 있게 됩니다.

우주정거장은 오랫동안 우주공간에 지내면서 무중력상태의 인체영향 등을 조사하기 위해, 인간이 거주할 수 있는 인공천체를 의미합니다. 소련이 1971년부터 1985년까지 우주정거장인 살류트(Salyut)를 발사, 1986년부터 2001년까지 그 뒤를 잇는 미르(Mir)를 가동시켰습니다. 상공에서의 정찰이나 공격 등 군사목적도 고려하지 않았었나 생각됩니다. 1999년부터 미국, 러시아, 일본 캐나다, ESA(유럽 우주국)이 참가해 시작된 것이 ISS(국제우주정거장)입니다. 여러 모듈을 스페이스셔틀 또는 살류트로 운반해 조립하는 방식으로, 전부 완성된 것은 2011년입니다.

ISS는 상공 400km에서 약 90분마다 지구를 한 바퀴 주회합니다. 연구실과 실험실 등으로 나눠지며, 크기는 축구장 정도의 거대한 건축물(가로 108m, 세로 74m, 총 중량 219t)이 우주공간에서 비행하고, 6명의 비행사에 의해 지구와 우주를 관측, 무중력을 활용한 실험과 연구가 진행되고 있습니다. 처음에는 2016년에 종료할 예정이었지만, 2024년까지 연장되었습니다. 스페이스셔틀이 퇴역한 현재, ISS에 우주인을 수송과 긴급 시 구명보트에 사용할 수 있도록 러시아의 소유즈가 상비되어 있습니다. 그 외에 무인화물수송기가 미국, 러시아, 유럽, 일본에서도 개발되어 식량과 실험기구, 산소와 물, 의류와 보수장비 등을 운반하고 있습니다. 일본인 우주비행사도 몇 명 나오고 있습니다만, 러시아만이 상업계약을 체결해 민간인도 체재하고 있습니다.

우주탐사기

　지구 이외의 천체를 탐사하기 위해 우주공간으로 발사된 인공천체로 달, 태양, 혹성과 그 위성, 소혹성, 혜성 등에 접근하거나 착지하면서 그 조성이나 성질, 운동성에 대해 조사합니다. 인공위성이 성공하고 바로 조사를 한 것이 달에 탐사기를 보낸 것으로 1959년에는 러시아의 루나(Lunar)시리즈와 미국의 파이오니어(Pioneer), 레인즈(Ranger)시리즈가 경쟁하며 발사되었지만 대부분의 국가가 실패했습니다. 또한 로켓(발사체)의 결함과 원격조종의 기술이 부족했기 때문에 실패하는 경우가 많았습니다. 머지않아 실력향상으로 달에 착륙시켜 달의 뒤 표면을 찍고, 위성으로 달을 주회하는 퍼포먼스를 하게 되었습니다. 그리고 태양탐사기와 수성탐사기(미국이 주도) 금성탐사기(소련이 주도하고 이어 미국이 뒤따름), 화성탐사기(미국은 마리나(Marina)프로젝트, 소련은 마르스(Mars)프로젝트로 대항), 목성과 토성탐사기(미국이 주도, ESA도 참가), 소혹성 탐사기(미국이 주도, 일본도 참가), 핼리혜성 등의 혜성탐사기(각국에서 경쟁하며 발사), 태양계의 혹성과 위성 등을 빠짐없이 탐사하도록 확대해 갔습니다. 최근에는 탐사차를 내려 토양을 조사하거나 사진을 찍습니다만, 나중에는 흙을 채취해 갖고 오는 것도 계획 중입니다.

　1969년에 미국은 인류 최초로 지구 이외의 천체인 달의 표면을 밟았고, 1973년까지 총 6번의 달 표면 착륙을 성공시켰습니다. 이후 달과 혹성에 사람을 보내는 계획은 없었지만, 중국이 달로, 미국이 화성으로 유인비행을 하려고 생각 중인 듯합니다. 또한 1977년에 발사된 보이저(Voyager) 1호와 2호는 목성, 토성, 천왕성, 해왕성이 거의 일직선이 되는 시기를 선택해 탐사한 외혹성탐사기입니다. 1호는 목성과 토성, 그

위성을 탐사하고, 2호는 그와 더불어 천왕성과 해왕성도 탐사해 지금 태양계의 시초지점까지 알 수 있게 되었습니다. 더욱이 태양계 이외의 은하계공간을 표랑하게 될 수 있었습니다.

앞에서 소개한 지구와 태양의 라그랑주(Lagrange)점을 비행하는 인공위성은 지구에서 멀리 떨어졌다는(달의 4배 정도의 거리) 의미에서 탐사기(인공위성)라고 할 수 있습니다. 우주의 넓은 범위를 장시간 동안 안정적우로 관측할 수 있기 때문에 우주론적인 관측하는 데 적절하고 WMAP과 플랑크(Planck)위성과 허셸(Herschel)우주망원경 등이 발사되었습니다. 앞으로 라그랑주점을 이용한 우주관측계획이 계속되지 않을까 예상합니다.

한편 무인우주탐사기는 기술향상에서 비교적 낮은 가격으로 발사가능하며, 실제로 혹성이나 위성에 로봇차를 착륙시켜 직접 관측하는 것이 가능해졌습니다. 높은 비용을 들여 화성에 사람을 보내는 것보다 저비용의 무인탐사기로 화성이나 수성에서 샘플을 가져오는 쪽이 연구자의 관심을 갖는 경우도 있습니다. 유인비행 1회분의 비용이라면 탐사기를 10기나 발사할 수 있기 때문입니다. 더욱이 우주의 생명탄생에 관계되어 외혹성위성(예를 들어 토성의 제2위성인 엔켈라두스(Enceladus)와 제6위성인 타이탄(Titan))에 연구에 중점을 두게 되었다는 점도 있습니다. 태양계 내에서의 원시적인 생명탄생의 가능성을 철저하게 알아가려는 이유에서입니다. 일본의 [하야부사]는 소혹성대(화성과 목성의 사이)로 나가 샘플을 갖고 오는 탐사기였습니다. 2014년 12월에는 그 후속기인 [하야부사2]가 발사되어 6년간 우주여행을 했습니다. 향후 이처럼 혹성탐사기 발사경우가 늘어날 것 같습니다.

SDI, MD, SSA, MDA

우리들이 알고 있는 인공위성과 우주탐사기는 과학연구와 지구환경 관측을 하기 위해 평화목적으로 사용되는 것이 대부분입니다. 실제로는 스파이위성이나 GPS위성, 비밀정보통신위성처럼 군사목적을 위한 인공위성이 대다수이지만, 적어도 여기에는 우주 자체를 전장이라고 보는 점은 비교적 적다고 생각합니다. 지구 감시와 군의 연락용 위성이기 때문입니다. 그러나 이번 장의 제목인 4개 영어의 약어는 우주를 전장이라고 상정하는 전제에서(현재 진행 중) 진행된 계획으로, 우주의 군확이라는 측면이 강하게 제기되고 있습니다. 평화목적의 우주이용에서 사람들이 눈을 돌리면서 그 뒤에서 우주를 전장으로 하는 군사이용이 단계별로 진행되어 왔습니다.

SDI(우주전략방위구상)는 1983년에 미국의 레건 대통령이 내세운 우주를 무대로 한 군사전개 구상으로, 통칭 [스타워즈계획]이라고 부릅니다. SF에서도 있듯이 우주전쟁을 상정하고 이를 위한 무기의 배치와 방위체제를 세우는 것을 구체적으로 제안하기 때문입니다. 레건은 연설에서 [일찍이 우리들에게 핵무기를 개발한 과학자들에게 이러한 무기를 무효화하고 시대에 뒤처지지 않도록 해야 한다]고 과학자들의 우주군확에 협력을 부탁했습니다. 군학공동개발을 당당히 선언한 것입니다.

이 구상에서는 위성의 궤도상에 미사일위성(미사일을 탑재해 공격할 수 있는 위성)과 레이저위성(레이더무기로 상대의 미사일이 탑재된 부분을 파괴하는 위성) 등의 공격무기위성, 조기경계위성(적국의 미사일 발사를 파악하기 위한 감시위성)을 철저히 배치하고, 지상의 공격 시스템과 연계해 적국의 대륙간탄도미사일(ICBM)을 공격해서 격추하는 것이 목표입니다. ICBM의 발사단계·부양단계·낙하단계의 각 단계에 맞춰 미사일이나 레이더로 추격해 미국 본토에는 들이지 않겠다는 것입니다. 뒤에서 언급하듯이 우주조약에는 [대량파괴무기를 우주공간에 들이지 않는다]라고 하는 조항이 있어, SDI는 이를 위반하는 것은 아닌가 의문이 있었습니다. 또한 우주를 전장으로 보는 것에 논리적인 문제도 지적되었습니다. 그리고 기술개발의 요소가 다소 있어 대량의 자금이 필요하다는 문제도 있고, 개발 자체에 큰 어려움이 따르는 것은 사실입니다. 한편 미국의 가상적국이었던 소련은 고르바초프정권이 1985년에 발족되어 페레스트로이카(개혁)와 글라스노스트(정보공개)노선을 내세워 긴장완화가 한 번에 진행되었습니다. 이로 인해 군확보다 군축이 세계적으로 목표가 되어 1991년에 소련이 붕괴, 냉전이 종식되면서 SDI도 자연히 소멸되었습니다.

MD는(미사일방어) SDI 구상에 포함되어 있던 적은 미사일을 도중에 공격해 파괴하는 작전입니다. ICBM과 같은 장거리 미사일에서는 부양단계와 낙하단계에서 미사일을 격추하고, IRBM(중거리탄도탄)과 소규모 탄도미사일에서는 발사단계에서 요격하듯이 적의 미사일공격에 대응해 방어체제를 어떤 단계에서도 대응해 가는 작전입니다. 그리고 미국 본토뿐만 아니라 미사일방어망에 참가하는 국가에 미사일을 배치한다는 체제를 세우고 있습니다. 일본도 2003년에 미국의 미사일방어 시스템을 도입했고, 위성정보의 활용·탐지와 유도·지휘관제·요격수단·시스템운용 등 일련의 연대체제를 세우고, 미군의 항공우주방위사령부의 밑에 있습니다. 미사일이 날아다니는 우주공간(스페이스)는 군사체제하에 있다고 해도 과언은 아닙니다.

SSA(우주상황파악, Space Situational Awareness)와 MDA(해양정보파악, Maritime Domain Awareness)는 최근 미일우주대화에서 제안된 프로젝트로, 우주 및 해양대 대한 군사정보를 완전히 파악해 이에 군비체제를 하는 것을 목적으로 하고 있습니다. SSA는 우주의 정보파악이기 때문에 우주에 떠돌아다니는 스페이스 데브리(우주쓰레기)의 정보와 더불어 적의 스파이위성의 위치정보도 파악합니다. 그렇기 때문에 미군이 손을 뻗고 있는 것이, JAXA(우주항공개발연구기구)의 우주감시정보입니다. JAXA는 일본 스페이스가드협회에 위탁해 우주공간을 비행하는 물체를 감시하고, 그 위치와 궤도를 결정해 리스트를 만드는 작업을 하고 있습니다. 발사되는 인공위성이 우주에서 떠도는 물체와 부딪쳐 피해를 입지 않도록 사전에 위치정보를 알기 위해서입니다. 이 리스트에는 우주쓰레기뿐만 아니라 과학위성의 기록과(궤도는 발표되어 있기 때문에 위치를 확정하는 것이 가능합니다), 정체가 불확실한 스파이위성의 운행기록도 섞여 있을 것입니다. 스파이위성은 비밀로 운용되기 때문에 무엇이 어떻게 연동되는가 명확히 알 수는 없지만, 어쨌든 어떠한 비행물체가 있다는 것은 알 수 있습니다. 미군이 원하는 것은 이 정보로, 자국에서 얻은 정보와 조합해 궤도를 보다 명확히 확정함으로써 적국의 스파이 위성을 특정할 수 있습니다. 후술하듯이 미군과 JAXA의 약속에서 일본이 받고 있는 우주감시 데이터를 양도하는 것이 결정되었습니다. 바로 SSA가 구체적으로 진행되기 시작했다고 할 수 있을 것입니다. MDA는 위성을 사용해 상공에서 해면을 감시하고, 특히 적국의 잠수함의 움직임을 탐지하는 것이 목적이라고 생각됩니다. 넓은 바다이기 때문에 완전히 상황을 파악하는 것은 어렵지만, 지구관측위성은 해면의 변화도 자세히 관측합니다. 레이더위성을 사용하면 구름에 가려져 10m 정도의 물체를 식별할 수 있고, 적외선을 사용해 밤에도 감시할 수 있습니다. 이러한 정보수집 위성의 데이터를 조합해 해양의 정보를 일원화시킵니다.

SSA와 MDA는 우주공간을 정보수집의 장으로서 이용하려고 합니다. 그래서 그러한 데이터를 우주항공사령부에서 수집해 일괄 관리하고, 미사일의 공격에 대비하게 됩니다. 그러한 의미에서 SDI의 구상 일부가 변화된다고 할 수 있습니다. 우리들은 우주에서의 감시망 안에 살고 있다고 해도 과언이 아닙니다.

스페이스 데브리

스페이스 데브리(우주 쓰레기)는 지구의 위성궤도를 돌고 있는 인공물로, 이미 필요성이 없고 버려진 쓰레기를 의미하고 있습니다. 이것들은 내용연수가 지나서 사용할 수 없는 인공위성과 사고나 고장으로 제어할 수 없게 된 인공위성(특히 가스를 다 사용해 제어할 수 없게 된 스파이위성이 대부분을 차지합니다), 인공위성에 첫 속도를 올려 주는 부스터(로켓 최종단계의 추진장치)의 본체와 잔해, 인공위성과 로켓의 파편, 부품, 데브리끼리 충돌한 작은 파편, 우주비행사가 떨어트린 봉투와 도구, 부품 등 사실 많은 물체가 우주공간을 떠돌아다니고 있습니다. 400km 이하의 고도에서 m사이즈부터 mm사이즈까지 총 4,500t을 넘는다고 예상되고 있습니다. 수십 cm를 넘는 물체가 약 9,000개, mm로는 수백만 개라고 할 수 있을 정도로 많으며, 인공위성의 위협이 되고 있습니다. 그렇다고 할 수 있는 것은 이들 하나하나가 초속이 7~8km이기 때문에 상대속도는 10km를 넘게 되고, 직경이 10cm의 데브리가 부딪히면 우주선에 구멍을 내어 파괴하기 때문입니다. 수 mm의 물건에서도 권총의 탄환에 맞은 것과 마찬가지로, 치명적인 손상을 입힐 가능성이 있으면 실제로 위험합니다.

이것들은 각각 다른 궤도를 돌고 있고 수 십년간 지구를 주회하고 있는 것이 대부분입니다. 공기와 마찰로 바로 타 버릴 수 있다고 생각할 수 있지만 그것은 그와 같은 궤도에 들어온 경우로, 안정궤도에 있는 동안에는 에너지 손실 없이 계속 돌게 됩니다. 하나하나 수거하는 것은 어렵고 우주를 청소하기 위한 여러 방안의 제안(부딪히면 접착성의 물질에 흡착되는 것으로 모아, 기능을 다한 위상을 낙하궤도로 이동시켜 함께 연소시키는 등)이 그 비용과 유효성에 의문이 제기되어 실행되지 않았습니다. 그 때문에 실제 우주는 지저분해지는 겁니다. 지구상에서 이산화탄소를 배출하는 것과 마찬가지로, 왠지 뒤처리 없이 지나치게 폐기하는 현대인의 결점이 그대로 나타나 있는 듯합니다.

게다가 문제인 것은 인위적으로 스페이스 데브리를 늘리는 행위를 한다는 점입니다. 그중 하나는 인공위성과 다단계로켓을 궤도상에서 파괴함으로써 [브레이크업(파괴, 폭파)]이라고 하는 듯합니다. 위성공격무기로 인공위성을 파괴하는 실험을 하거나 노후화된 군사위성이 타국의 영토로 낙하하는 것을 방지하기 위해(군사의 비밀사항이 폭로되기 때문에) 폭파하는 것을 냉전 이후 미국·소련이 경쟁하며 진행했습니다. 시한적으로 폭파하는 지령을 내리거나 전투기나 미사일위성에서 미사일 발사로 파괴하기 때문에, 이로 인해서 지금까지 수백억이라는 스페이스 데브리를 발생시켰다고 합니다. 2007년에 중국이 탄도미사일을 사용해 자국의 노후화된 인공위성을 파괴하는 실험이 이루어졌고, 과거 최대 2,000개 이상의 데브리를 발생시켰다는 것은 잘 알려져 있습니다.

또 다른 하나는 인공위성끼리, 인공위성과 데브리, 데브리가 서로 충돌하는 것입니다. 지금까지 인공위성과 데브리의 충돌로 위성이 파괴되어 대형의 데브리를 발생시키거나, 위성이 사용할 수 없는 적이 8회 정도 있는 듯하지만 이것은 낮은 횟수라고 생각합니다. 스파이위성의 경우에는 궤도가 오픈되지 않고, 이미 운용중지되었을 경우에는 연결이 되지 않아 충돌파괴가 일어나도 알 수 가 없기 때문입니다.

인공위성끼리 부딪힌 우주교통사고가 1회 보고되었습니다. 2009년에 일어난 충돌로 1997년에 발사되어 운용 중이었던 미국의 이리듐통신위성과 1993년에 발사되어 이미 운용중지된 군사통신위성이 고도 789km에서 부딪혀 양쪽이 파괴되어 수백 개 이상의 데브리가 새롭게 발생되었습니다. 지상에서 차의 충돌과 마찬가지인 것이 우주의 3차원 공간에서 인공위성 간에 일어난 것이기 때문에, 우주가 과밀되었다는 것을 실감시키는 사건이었습니다. 어쨌든 군사위성이 우주를 난무하고 있다고 할 수 있습니다.

이와 같은 사고나 우주쓰레기의 증가를 생각하면, 국제우주정거장(ISS)이 운용을 마쳤을 때 뒤처리는 어떻게 될 것인지가 걱정됩니다. 축구장 정도 되는 거대한 건축물이기 때문에 운용이 종료되면 그대로 폐기되어서는 안 됩니다. 부서진 거대한 숫자와 양의 데브리가 되며, 앞으로 우주이용에 큰 장해가 될 수 있기 때문입니다. ISS의 중량은 지금까지의 데브리 총 중량의 10분의 1이나 되기 때문에, 매우 어렵습니다. 조금씩 모듈을 분해해 그것을 연소 가능한 궤도로 투하하는 안건이 나오고 있는 것 같습니다. 그러나 그 작업을 위해서는 폐기미션을 위해 몇 번이나 우주비행사를 보내지 않으면 안 되며, 그 비용만으로도 막대해집니다. 어쨌든 1회 미션으로 최저 200억 엔이 들어가기 때문입니다.

무엇보다도 ISS 건설을 위해 총액 16조 엔 이상 들인 것을 생각하면 대단한 금액은 아닙니다. 100분의 1이기 때문입니다. 따라서 인간의 지금까지 습성으로 생산(혹은 건설)을 위해서는 돈을 내지만, 폐기를 위해서는 낸다는 것을 아끼는 점을 들 수 있습니다. 지구환경문제는 이 때문에 발생되고 있다고 할 수 있습니다. 따라서 우주의 쓰레기를 증가시키지 않기 위해서 자금을 내어 ISS의 뒤처리를 하는 것은 가능할까요.

국위발양과 산업력의 육성

마지막으로 강력한 로켓을 보유하고 우주개발을 추진하는 것을 타국에 과시하기에는 중요한 정치적 역할이 필요하다고 할 수 있습니다. 이에 따라 미사일을 발사하는 실력을 갖추고 있다는 것을 과시하고, 국가의 위신을 높이는데 기여하기 때문이다. 로켓을 쏘아 인공위성을 발사, 유인비행까지 실현하는데 배경에는 과학기술의 레벨을 보여주는 의도가 있는 것과 동시에, 군사적 실력을 타국에 인정받는 것도 목표라는 것은 명백합니다. 그것은 자국민을 북돋기도 하기 때문에, 국외와 함께 국가의 위엄을 높인다는 효용이 있습니다. 더욱이 우주개발은 국위선양해 자국민에게 자부심을 갖게 하고, 타국민에게는 경계심을 갖게 하는 역할이 있어, 단순히 우주로의 진출만이 목적은 아닙니다.

물론 다른 하나 우주산업을 육성시키는 역할도 있습니다. 로켓은 자동차가 아니라 많은 부품을 필요로 하기 때문에, 국가의 산업력을 키울 수 있기 때문입니다. 그 부품공급능력은 다른 용도에도 응용이 가능하다 것이 중요합니다. 로켓을 발사하는데 필요한 정밀도는 매우 높고, 기술력이 높지 않으면 요구를 충족시키지 못합니다. 때문에 로켓을 결과

좋게 발사하는 실험에 합격되면 다른 분야에 쉽게 사용할 수 있습니다. 따라서 그것은 모두 자국에서 부품을 조달해, 자력으로 이루어진 경우로 타국에서의 기술도입으로 진행되는 경우에는 산업력을 키우는 것에는 시간이 걸릴 것입니다. 특히 노하우가 필요한 부분은 기술의 제공하는 경우가 좀처럼 열려 있지 않기 때문에 기술력을 쌓기에는 공헌되지 않습니다. 일본은 H2로켓을 미국에서 기술도입으로 개발했습니다만, 미국의 경우(방해?)도 있어 산업력을 키우는 것이 불가능했습니다. 그 때문에 일본의 로켓 가격은 높고, 국제 경쟁력이 없다는 점이 약점이었습니다.

이러한 점도 있어 산업계에서 우주의 군사개발을 진행하도록 압력을 주고 있습니다. 군사개발이라면 부품을 전부 국내조달을 한다면 기업을 개발 노하우가 장점이 되고, 군산복합체가 될 경우 무기로서 로켓 생산을 독점하는 것이 가능해집니다. 이와 같은 생각이 한편에 있어 일본 우주개발의 군사화기 진행되기 시작되었습니다. 다음 장부터 이러한 점을 서술해 가고 싶다고 생각합니다.

제 3 장

일본 우주개발의 역사

이번 장에서는 일본 우주개발의 역사를 다뤄 보겠습니다. 일본은 패전 후, 1951년 샌프란시스코평화조약(발효는 1952년)에 의해 겨우 전쟁 상태가 종료됨과 더불어 재군비할 수도 있기 때문에 점령군에 의해 금지된 원자력과 항공과학분야의 연구가 가능해졌습니다. 그래서 처음으로 움직인 것은 원자핵의 연구로 빨라도 1955년에 문부성이 예산을 짜서 전국공동이용기관 원자핵 연구소가 발족되었고, 사이클로트론의 건설이 시작되었습니다. 물리학의 최첨단 분야였기 때문입니다. 한편 로켓공학에 관한 연구는 물자와 자금부족으로 뒤늦게 시작되었고, 드디어 이토가와 히데오의 개인연구라는 형태로 1954년에 발족했습니다. 처음에는 가는 연필과 같은 로켓에서 연구가 시작되었습니다. 이후 올해로 61년이 되지만 지금 세계에서 다섯 손가락(미국, 러시아, 유럽, 일본, 중국)에 드는 우주강국까지 성장해, 우주의 군사화노선에 본격적으로 걸어가려 하고 있습니다. 지금까지의 걸음은 4개의 시기로 나눌 수 있습니다만, 각각의 시기의 특색을 보면서 일본의 로켓개발의 역사를 되돌아보겠습니다.

제1기 1954년부터 1969년까지

이토가와 히데오(1912년~1999년)는 아시아태평양전쟁 때에는 항공기 제조회사에 근무해, [하야부사] 등의 전투기 설계를 하는 것과 동시에, 혼자서 제트엔진의 연구·개발을 하고 있었습니다. 하늘을 나는 것에 꿈을 갖고 있었을 것입니다. 1945년부터 동경대학 생산기술연구소에서 로켓 추진의 초음속기 연구를 시작했고, 최초로 길이 23cm의 연필과 같은 초소형 화약식 로켓을 실험장치로 제작했습니다. 그때문에

[펜슬로켓]이라고 불렸습니다만, 처음에는 태평양을 20분 회간하는 초음속비행기가 목표였습니다.

1955년부터 국제지구관측년(IGY)에 맞춰 고체연료를 사용한 지구관측 로켓으로 본격적으로 개발하게 되었습니다. 이것이 우주로켓을 목표로 전기가 되었습니다. 30cm, 46cm의 대형화가 되면서 더욱 1m를 넘는 베이비로켓으로 부양실험을 하게 되었고, 알파로켓, 시그마로켓, 파이로켓과 개량으로 상공 35km까지 날게 되었습니다. 1958년에는 캇파로켓으로 고도 50km까지 도달했고, 고층지구대기의 연구를 하게 되었으며, 더욱이 다단식으로 해서 고도 300km를 넘는 성능을 획득할 수 있게 되었습니다. 그리고 1960년에 고도 1,000km에 다다른 라무다로켓으로 고도성에 성공했고, 인공위성을 발사하는 목표를 갖게 되었습니다.

이미 한 대학에서 맡을 수 있는 범위를 넘었다는 점도 있어 1964년에 동경대학에서 분리해 문부성공동이용연구기관 [우주항공연구소]가 되었습니다. 본격적으로 인공위성 실현이 목표가 된 일본에서 유일하게 로켓개발·과학위성 발사를 전문으로 하는 연구소로 독립하게 되었습니다. 일본도 인공위성 발사국 대열에 들어가는(세계에서 4번째) 국책을 맡게 되었다고 할 수 있습니다. 이토가와는 1967년에 물러나서 자신의 손으로 인공위성을 발사하지는 못했습니다만, 1970년에 라무다형 로켓으로 일본 최초의 인공위성이 발사되어, [오오스미]라고 불리게 되었습니다. 로켓발사장인 [우치노우라(内之浦)]가 있는 가고시마현(鹿児島)의 오오스미반도(大隅半島)에 따른 애칭이 되었습니다. 1966년부터 시작된 4단식 로켓으로 고도는 충분한데 궤도투입에 실패도 있었지만 결국 5회의 시행착오 끝에 성공했습니다. 인공위성은 총 길이 1m로 전체 중량이 23.8kg이라는 작은 것이었습니다. 모터의 열을 배출할 수 없었기 때문에 기체가 고열이 되었고, 불과 15시간 정도에서 위성 운용이 끝났기에 짧은 수명이었습니다. 그러나 그 후 33년간 지구주회궤도를 돌면서 최종적으로 대기권으로 낙하해 타 버린 것은 2003년이었습니다. 인공위성으로서는 수명이 길었다고 할 수 있을 것입니다.

연필크기의 펜슬로켓에서 출발해 고도 500km를 달성하는 인공위성 성공하기까지인 제1기는 마치 모색하듯 로켓개발에 힘을 쏟은 시대로, 이토가와 히데오의 카리스마적인 매력과 일본의 공업력의 회복이 잘 연결된 시대였다고 할 수 있습니다. 우주탐험에 적극적이었던 연구자의 의지도 강하게 뒷받침되었다고 생각됩니다. 그래서 하루빨리 1960년에 국회에서 로켓개발의 구사연구 전용의 걱정이 논의되었고, 1965년에는 중거리탄도미사일에 사용 가능성에 대해 의문이 되었습니다. 사거리로서 1,000km를 넘게 되면, 당연히 미사일로 전용 가능할 수 있기 때문입니다. 당시 정부는 로켓개발은 [평화적 연구]를 위해서 사용한다고 선언했습니다. 이 경우의 평화는 [비군사]라고 의미했습니다. 일본의 로켓개발은 지구관측이 최초의 목표였으며, 1957년의 소련의 인공위성 성공에 자극을 받은 일본도 인공위성을 보유한다는 목표로 바뀌게 되었습니다. 그래서 어디까지나 과학연구를 머리에 그렸습니다. 어쨌든 로켓개발은 마치 고도성장기의 일본과 보조를 맞춰 확대노선을 함께해 왔습니다.

제2기 1969년부터 2003년까지

한편 동경대의 로켓개발은 과학목적이라는 점에서, 과학 이상의 목적의 실용위성과 상업위성을 발하기 위해 로켓개발을 해야 한다고 국회에서 논의되었습니다. 우주 이용의 폭이 넓어졌습니다. 여기서 1962년에 과학기술청(당시)에 항공우주과를 설치해 다른 노선의 검토가 시작되게 되었습니다. 그리고 1964년에 우주개발추진본부가 마련되어, 대형로켓을 실현하기 위해 추진력이 강한 액체로켓을 채용하는 방침이 결정되었습니다. 구체적으로 발사 기지를 다네가시마에 건설하고 1단은 동경대의 고체연료, 2단은 액체연료의 절충로켓으로 실험을 시작했습니다. 국가로서 본격적인 개발체제를 갖추게 된 것입니다.

이에 따라 1969년에 우주개발추진본부를 해산시키고 과학기술청 산하의 특수법인 [우주개발사업단(NASDA)]을 발족시켰습니다. 이로 인하여 우주개발사업단법이 만들어졌고 [평화의 목적에 한하여 인공위서 및 인공위성 발사용 로켓의 개발, 발사 및 추적을 종합적, 계획적, 효율적으로 실시했습니다, 우주의 개발 및 이용 촉진에 기여할 것을 목적]이라는 것이 제1조에 쓰였습니다. 실제, 중의원 및 참의원의 양쪽에 있어 [우주개발은 평화목적에 한정된다]는 것을 생각하고, 반면 우주개발은 [자주·민주·공개·국제협력의 원칙을 준수한다]라는 특별 결의가 이루어졌습니다. 우주의 군사이용, 그리고 로켓의 미사일로의 전용에 걱정이 되었기 때문에 평화를 위한 우주개발이며, 원자력개발과 마찬가지로 자주·민주·공개의 3원칙을 지킬 것이 강조되었습니다.

하지만 자주기술로서의 절충로켓이 개발이 잘 진행되지 않는다는 점도 있어, 우주개발사업단은 미국과 기술협정을 맺어, 평화이용과 수출금지를 조건으로 기술제공을 받게 되었습니다. 일본에게는 기초에서 로켓개발을 하는 것이 아니라, 미국의 기술을 배워 빨리 인공위성을 발사하려고 했던 것입니다. 한 번에 동경대를 따라잡아 주도권을 가지려는 것인지도 모릅니다. 원자력발전소와 마찬가지로 기존의 기술을 얻어 손에 넣어 빨리 성과를 내려고 한 것입니다. 사실 이미 1957년에 미국의 기술을 중심으로 한 N로켓에 의해 인공위성 발사에 성공했고, 그 후 15기의 액체연료로켓에 의해 인공위성 발사를 성공시켰습니다. N로켓은 이른바 미국의 델타로켓을 복사한 것으로 미국에게 [의지]한 것이었습니다.

무엇보다도, 일본 측도 기술습득을 가속화시켜, 1981년에는 H−1로켓이라고 부르는 새로운 로켓을 개발할 계획을 세웠습니다. 1985년 초반부터 정지궤도에 500kg의 인공위성을 발사할 수 있다는 목표를 설정한 것입니다. 그래서 1단부터 자주개발을 하는 것은 맞지 않아 1단은 델타로켓의 라이선스생산으로(미국에서 블랙박스의 조건이 있었습니다), 2단과 3단의 엔진과 관성유도장치는 일본의 기술을 사용하게 되었습니다. 국산화율이 50~80% 정도였습니다. 1986년에 시험기 발사에 성공한 이후, 1992년까지 9기의 위성발사에 성공했습니다. 통신위성인 [사쿠라], 정지기상위성인 [히마와리], 방송위성의 [유리] 등을 정지궤도에 올렸습니다.

다음 단계는 1990년대에 2t의 위성을 정지궤도에 올리는 것으로, 더욱이 국산기술 100%인 것을 목표로 삼았습니다. 여기서 개발된 것이 H−2로켓으로, 1986년에 설계가 시작되어 1994년에 완성되었습니다. 1997년까지 총 5기의 위성발사에 성공했지만, 문제는 1기당 가격이 190억 엔이나 하는 것으로, 구미의 로켓에 비해 2배나 한다는 것입니다. 이것으로는 인공위성 발사수주에 있어 승산이 없습니다. 때문에 보다 가격이 낮은 로켓인 H−2A를 개발하게 되었습니다. H−2A로켓은 H−2로켓의 제작공정을 크게 간소화한 것으로 1기당 100억 엔 전후가 되면서, H−2로켓을 크게 밑도는 가격을 갖추는데 성공한 것입니다. 2001년에 시험위성 발사에 성공한 후, 지금까지 28회 중 27회 발사에 성공하면서 신뢰성도 높아졌고, 정지궤도에 4t을 발사하는 능력을 갖추었습니다. 드디어 구미와 어깨를 나란히 하는 로켓이라고 할 수 있을 것입니다. H−2A로켓으로는 정지위성뿐만 아니라 지구관측위상과 강우관측위성 등 실용위성을 발사해 왔습니다.

그리고 보다 무거운 물채를 탑재할 수 있는 로켓으로서, H−2A개량된 것으로 보다 강력한 로켓 H−2B를 개발하게 되었습니다. 이것은 국제우주정거장에 물건을 운반하는 보급기(HTV로 불립니다)가 15t인 점에서 그만큼 중량을 저궤도에 발사하는 능력을 갖는 것이 필요하기 때문입니다(H−2A에서는 10t밖에 저궤도에 올립니다). 그만한 능력이 있다고 정지궤도에 8t 위성을 발사하기 때문에 여러 위성을 궤도로 올릴 수 있는 것입니다. H−2B의 개발은 지금까지 5회 발사해 성공했습니다.

이처럼 우주개발사업단에서는 발사로켓의 자주 개발화와 대형화 노선을 달리고 있지만, 실제로는 미츠비시중공업이 개발의 주역이라는 것을 역사적으로도 이야기할 수 있을 것입니다. H2, H−2A, H−2B 모두 개발·제조·발사를 미츠비시중공업이 담당해 왔기 때문입니다. 더욱이 국책기업이 견인하게 되고, 우주개발에 과학 이외의 목적이 커지면서 이를 위한 정치를 행사하는 듯한 왜곡이 생겼다고 할 수 있을 것입니다.

한편 동경대의 우주항공연구소는 1970년에 라무다로켓으로 인공위성 [오오스미]를 성공시킨 후, 보다 강령한 뮤로켓을 개발했고, 1971년에는 시험위성 [타이센]을 성공시켰습니다. 그 후 뮤로켓이 주력이 되었고, 1970년대는 2년에 3번 정도 빠른 속도로 [신세이], [덴파], [타이세이2호], [타이세이 3호], [타이요우], [쿄코우], [지키켄], [하쿠쵸우]와 과학위성을 차례차례 발사했습니다. [타이세이]시리즈는 기술시험위성으로 자세제어 등의 실험을 위한 것이지만, [신세이]는 우주선관측용, [덴파], [타이요우], [교코우], [지키켄]은 지구주회의 전리층이나 자기권, 고층대기와 오로라의 연구 등 비교적 근방에 있는 신호가 강하게 검출하기 쉬운 현상을 관측하는 것을 목적으로 하고 있습니다. 그리고 1979년 발사된 [하쿠쵸우]는 우주에서 다가오는 X선 관측용으로 드디어 우주 전체를 연구 대상으로 할 수 있게 되었다고 합니다.

　1981년에 문부성의 공동이용기관인 [우주과학연구소(ISAS)]가 되었고, 전국의 연구자와 공동연구를 하는 체제가 정비되었습니다. 1980년에는 의식적으로 채용된 것이 [Cheap, Quick, Beautiful]노선이었습니다. 소형으로 싼(Cheap) 인공위성으로, 차례대로 다음 로켓을 빠르게(Quick) 발사하고, 아름다운(Beautiful) 결과를 낸다는 것입니다. 예를 들어 우주를 X선으로 관측하는 과학위성은 1983년에 [텐마], 1987년에 [긴가], 1993년에 [아스카]와 [하쿠쵸우] 이후, 거의 4~6년마다 발사되어 왔습니다. 이와 같은 시간간격이라면 데이터가 끊기지 않아 연구자가 바뀌어도 연구를 계속할 수 있는 체제가 되는 것입니다. 미국에서는 대형계획이 많아 예산이 높아지면서 인공위성의 발사간격이 연장되고, 뒤를 잇는 연구자가 육성되지 않는 문제를 갖고 있었습니다. 그 때문에 일본의 [Cheap, Quick, Beautiful]노선을 배워야 한다는 이야기가 있었습니다. 실제로 1980년대부터 90년대에 걸쳐 태양관측의 [히노토리](1981년), [요우코우](1991년), 자기권, 전리층관측의 [오오조라](1984년), [아케보노](1989년), 핼리혜성관측의 [사키가케]와 [스이

세이](1985년)의 과학위성을 발사해 왔습니다. 이 단계에서는 거의 1년에 1기의 간격이었습니다.

1997년부터는 M－V로 불리는 대형의 뮤로켓이 투입되었습니다. 3단식으로 모두 고체연료를 사용한 것입니다. 1.5t의 물체를 탑재할 수 있지만 정지궤도에는 도달하지 않습니다. 오로지 과학위성을 위한 평화적인 로켓이라고 할 수 있습니다. 발사 비용은 75억 엔 정도가 됩니다. 수송력이 작지만 높은 가격이 된 이유는 각각의 과학위성 특유의 조건을 만족시키기 위해 특수 제작되기 때문입니다. 적하된 것에 맞춘 방식으로 이른바 손수 만든 로켓이며 과학위성입니다.

M－V로 1997년에 전파위성 [하루카]의 발사에 성공했습니다. 전파 안테나를 접이식 우산으로 해 상공에서 크게 펼치는 퍼포먼스를 했습니다. 하지만 1998년의 화성탐사기 [노조미]는 화성궤도에는 올랐지만, 충분한 속도를 낼 수 없어 화성궤도에서 빗나갔고, 통신이 되지 않아 당초의 목적 달성에는 실패했습니다. 또한 2000년에는 X선 관측위성 [ASTRO－E]는 고장으로 궤도에 진입하지 못한 채 실패로 끝났습니다. 이어 2번 실패가 이어진 M－V의 통신성에 대해 의문을 갖게 되었습니다. 그러나 2003년 소혹성탐사기 [하야부사]는 보란 듯이 성공했고, 소혹성인 [이토가와]에서 샘플을 채취해 2010년에 귀환했으며, 마지막에 태워졌다는 것은 잘 알려져 있습니다.

여기까지가 2003년까지의 실용위성을 발사한 우주개발사업단과 과학위성전용의 우주과학연구소의 상황이었습니다. 이 두 개의 로켓 개발은 완전히 대조적인 방향이었고, 우주개발사업단은 H－2에서 H－2A, H－2B, 우주과학연구소는 라무다로켓에서 뮤로켓(M－V)으로 각각의 특색 있는 로켓을 제작했다는 것은 사실입니다. 그러나 전부

제3장 _ 일본 우주개발의 역사 **69**

가격이 높다는 결점이 있었습니다. 그때 일본의 거품경기가 끝나면서 재정위기가 닥쳤고, 경비절감을 위한 재정개혁으로 로켓개발을 일원화하게 되었습니다.

여기서 액체연료로켓과 고체연료 로켓의 차이에 대해 설명하겠습니다. 로켓은 공기가 없는 곳에서도 연료를 태워(산화＝산소와 결합) 에너지를 방출하기 때문에 연료가 되는 재료와 산화제를 탑재하고 있습니다. 이 두 가지를 추진제라고 부르며, 둘 중 한쪽이 액체인 것이 액체연료로켓, 또 한쪽이 고체인 것이 고체연료로켓이라고 부릅니다. 한쪽이 고체, 다른 한쪽이 액체인 경우를 하이브리드로켓이라고 부릅니다만 눈에 띨 만한 예는 없습니다.

액체연료로켓은 연료에 액체수소나 에틸알코올, 케로신(석유의 한종류)를 사용하고, 산화제로서 액체산소가 사용되었지만, 최근에는 질산을 사용하게 되었습니다. 연료와 산화제를 연소실에서 혼합하면서 태워 추진력을 얻는 방법으로, 고체연료의 경우와 비교해 단위 무게당 추력이 강하고, 연료를 조절하면 추력을 바꾸거나, 연소를 멈추거나, 다시 착화한다는 조작을 쉽게 할 수 있는 장점이 있습니다. 석유와 석탄을 비교하면, 석유 쪽이 에너지 발생효율이 높고 취급이 쉬우며, 나중에 아무것도 남기지 않는 점과 비슷합니다. 그만큼 연소실과 펌프실 등 연소를 위한 구조가 복잡하고, 추진제가 독성을 갖거나 기구를 부식시키거나 오랫동안 보유하면 변질되거나, 증발해 버린다는 결점이 있습니다. 그래서 인공위성처럼 연료를 천천히 충전하고 발사하기에는 적당하지만 바로 발사할 수는 없고, 미사일에는 적합하지 않습니다. 반대로 무거운 물체를 멀리 발사하는 추진력이 큰 로켓에는 액체로켓이 사용되는 것이 일반적입니다. 일본의 H−2시리즈, 유럽의 아리안, 미국의 델타

등은 액체연료로켓입니다.

한편, 연료로서 일찍이 니트로글리세린 등의 화약을 사용하였지만, 최근에는 합성고무계통인 폴리우레탄과 부틸고무 등이 사용되어 산화제로서 과망간산칼륨이나 과염소산암모늄이 사용되고 있는 것이 고체연료로켓입니다. 고체인 연료를 로켓 내부에 주입해, 이에 산화제를 사용하는 단계에서 점화해 가기 때문에 연소실은 비교적 간단한 구조로되어 있어, 로켓의 가격이 낮아지고, 고장이 적다는 장점이 있습니다. 또한 추진제인 연료와 산화제에도 독성이 적고, 장시간 장치해 두어도변질되거나 증발하지 않기 때문에 로켓에 주입한 상태여도 발사할 수있게 됩니다. 그러나 액체연료와 비교해 추진력이 약하고, 연소를 조절할 수 없으며 재착화도 시간이 걸린다는 약점이 있습니다. 일단 점화되면 그대로 연소된다는 이미지일 것입니다. 미사일을 발사하는 로켓에적절하기 때문입니다. 일본의 M－V로켓은 과학위성을 발사하는 고체연료로켓이지만, 세계적으로는 고체연료로켓은 ICBM(대륙간탄도탄)과IRBM(중거리탄도탄)과 같은 미사일을 발사하는 로켓으로 사용되고 있습니다.

형세의 변화

여기서 제2기의 기간 중에 일어난 우주에 관련된 정치적 움직임에대해 알아보겠습니다. 그것이 우주를 군사화에 이용하는 중대한 포석이라고 할 수 있습니다.

하나는 1985년에 [일반화 이론(이른바 일반화 원칙)]이라고 불리는방침이 당시 정부의 통일견해이었습니다. 일반화 이론이라는 것은 [일반적으로 이용되고 있는 기능이나 능력과 같은 위성이라면, 자위대가 사용하는 것은 가능]하다이며, 1969년의 [우주개발은 평화목적에 한한 다]라는 국회결의에는 저촉되지 않는 이론]입니다. 사실대로 말하면 자 위대가 정찰위성의 데이터를 이용하는 것을 가능하게 하기 위해 생각 해 낸 것으로, 자위대가 미국의 정찰통신위성의 프리셋을 이용해 미국 해군과의 위성통신을 하려고 한 것이 계기가 되었습니다. 일반적으로 사용하고 있는 기능이라면 따로 자위대가 사용해도 좋다는 것입니다. 실제 이 [이론]에 따라 이지스함 [콘고우]와 [아타고], 호위함 [휴가]와 [시라누]에 탑재되었습니다. 정찰위성에서 얻은 정보를 당연히 비밀이 기 때문에 실제로는 일반화이론에 적합한지 아닌지는 알지 못합니다. 이것이 [평화목적에 한한다]는 조항이 없어진 계기가 되었습니다.

여기에는 평화이용에 관한 논의에도 중대한 변화가 생겼다는 점에 주의할 필요가 있습니다. 자위대는 평화를 위해 일을 하고, 더욱이 [평 화]=[비군사]가 아니라, 방위적이라면 군비를 동반해도 평화이다, 더 욱이 [평화]=[방위]라는 해석을 할 수 있습니다. 이 해석이 점점 확대 되어 지금은 [평화]=[안전보장]으로 되어 있는 것이 현상입니다. 좀 앞서 갔습니다.

나중에 언급하듯, 일본은 2003년에 정보수집위성(정찰위성, 결국 스 파이위성)을 발사했을 때에도, 일반화이론이 [평화목적에 한한다]라는 결의와는 모순되지 않는다는 이유로 사용되었습니다. 정보수집위성의 분해능력(어디에서도 자세히 볼 수 있을 것인가)은, 상용위성 [이코노스] 가 달성될 것이라고 예상한다, 지상에서 10m라는 분해능력 정도이기 때문에 문제가 되지 않습니다. 이코노스는 지상의 사진을 찍어 판매하 는 목적으로 1999년에 발사된 위성입니다만, 실제 분해 능력은 4m 정도였습니다. 상용위성이 어느 정도 분해 능력을 높일 수 있다면 그것이 일반적으로 정보수집위성에도 사용하게 되고, 결국 정보수집위성의 능력을 제한할 수 없다는 것은 분명합니다. 일반화이론은 틀림없이 평화조항이 없이 조금씩 사라졌을 계기가 되었습니다.

두 번째는 1988년에 [미일위성통탈합의], 통상 [슈퍼 301조]문제가 일어났습니다. 미국이 미일 사이의 무역 불균형(일본이 대폭 수출초과로 흑자, 반대로 미국은 크게 적자가 된 것)을 바로잡기 위해 [포괄통상·경쟁력강화법]에 따라 체외제제를 엄격하게 감시하기로 하여, 지금까지의 통상법 301조의 [무역상대국의 불공정한 거래관행을 제재한다]를 한층 강화하였습니다(때문에 슈퍼301조로 불리고 있습니다). 그중에 [일본의 실용위성은 기술시험 이외에는 국제마찰로 한다]는 조항이 있으며, 이것이 엄밀히 상용되었습니다. 그렇게 되면 인공위성에 관한 기술은 미국이 일본보다 압도적으로 우위에 있게 되고, 국제입찰을 하면 미국이 응찰하게 됩니다. 그 결과로 우주개발사업단에 의한 우주개발이 본격화되어 일본의 우주산업이 향상되기 시작했지만, 미국의 기업에 수주를 독차지하게 되었습니다. 일본의 우주개발이 성장하지 않는 상태를 마주보게 된 것입니다. 이를 벗어는 것은 정보수집위성도 기술시험위성과 동등하게 예외 취급하는, 그리고 실용위성 이외에는 일본의 기업이 지명입찰할 수 있게 하는 것이었습니다. 일본의 우주산업을 지키기 위해 정보수집위성을 발사한다는 우주산업에 있어 군수에 참여하는 이유가 생긴 것입니다.

세 번째는 1998년 북한이 [대포동]을 발사해, 일본열도를 넘어서 태평양에 낙하한 사건이 일어난 것입니다. [대포동]은 발사가 확인된 대포동에서 미국이 붙인 닉네임으로, 북한은 [백두산 1호](혹은 [은하1

호])로 불리고 있습니다. 미국이나 일본은 2단식의 중거리탄도미사일로 보고 국제적으로 비난했습니다만, 북한은 인공위성을 발사하기 위한 로켓이었다고 합니다. 그러나 일본은 북한의 [미사일발사]로 대선언했고, 이에 대항하지 않으면 안 된다는 논리를 강조했습니다. 대포동소동을 잘 이용해서 우주의 군사이용을 진행시키는 근거가 된 것입니다. 그리고 2003년에 미국의 미사일방위망(MD)에 가입하게 되었습니다. 일본에 날아오는 미사일을 공격미사일로 격추한다는 이유로, 본격적인 우주의 군사이용이 시작되었습니다.

이처럼 1990~2000년에 걸쳐 우주를 둘러싼 국제정세의 움직임도 있어, 급속도로 우주의 군사화에 대한 압력이 강해졌습니다. 물론 우주뿐만 아니라 정치 그 자체가 우경화되고, 군확노선을 걷게 되어 온 것이 배경에 있습니다. 실제로 2001년 9월 11일 미국의 동시다발테러사건이 일어난 것을 계기로, 10월에 경정된 것이 [테러대책특별조치법]을 통해 이 법률의 근거가 되어 미국의 아프가니스탄 침공지원을 위해 인도양에 자위대를 파견했습니다. [집단자위대]의 발동에 가까운 행동을 취한 것입니다. 2003년 6월에는 유사법제로 불리는 [무력공격사태대처법]이 결정되어, 자위대의 무력행사, 국민의 자유와 권리 제한, 미국과의 협력이 제안되었습니다. 이와 같은 배경 속에서, 일본의 우주개발이 제3기를 맞게 됩니다.

제3기 2003년에서 2012년까지

2000년 무렵부터 일본 경기의 매우 큰 적자가 걱정되었고, 재정개혁의 목소리가 높아지면서 성청재편이 필요하게 되었습니다. 그 일환으로 우주개발의 연구체제도 재검토되었습니다. 지금까지 우주과학연구소, 우주개발사업단, 항공우주기술연구소와 [우주]와 관련된 연구소가 3곳이나 있어 업무가 겹치기 때문에 합리화해야 했습니다. 결국 2003년에 3개의 기관이 통합해 독립법인 [우주항공개발연구기구(JAXA)]가 발족되었습니다. 이것이 제3기의 시작입니다. 제가 걱정했던 것은, 우주개발사업단은 1년에 2000억 엔의 예산으로 돌아간 것에 비해, 우주과학연구소의 예는 그 10분의 1 정도로, 예산 규모만으로 봐도 우주과학연구는 우주개발사업에 흡수되어 버리는 것은 아닌가 하는 것이었습니다.

앞에서 언급했듯, 2003년 3월에 H－2A를 사용해 정보수집위성 제1호가 발사되었습니다. 내각정보실이 관제·운용의 주체가 되어, 미츠비시중공업이 로켓과 위성을 개발하고 JAXA가 발사에 협력하는 형태를 취하고 있습니다(2007년부터는 발사도 포함해 미츠비시가 전면적으로 인수했지만, 발사의 최종책임은 JAXA에 있는 듯합니다). 가시광으로 지표의 사진을 찍는 광학위성과 전파로 야간이나 구름이 많은 흐린 날씨에서도 영상을 얻을 수 있는 레이더위성의 2기가 1세트로 운용되고 있습니다. 하루에 1번만 같은 장소를 정찰하기 때문에 2세트 4기체제로 상시 감시체제가 되는 것을 추구하였습니다. 그 때문에 2003년 10월에 2호기를 발사하려 했지만 실패했습니다. 2기의 개발·발사에 600억 엔이 한순간에 들어갔습니다.

그 이후에는 발사 실패로 2기를 동시에 잃는 위험을 피하기 위해, 과학위성과 레이더위성을 따로 발사하게 되었습니다. 이렇게 2006년에 제2세대의 광학위성, 2007년에 레이더위성을 발사해 드디어 4기체제가 갖춰지게 된 것입니다. 그러나 위성의 수명이 2~3년이기 때문에, 이어 발사하지 않으면 안 됩니다. 실제로 2009년에 광학위성 제3세대, 2011년에 레이더위성 제3세대의 예비기, 3월에 광학위성 제5세대라는 것처럼 잇따라 정보수집위성을 발사했습니다. 정찰위성만으로 위성 개발비가 1기당 300~400억 엔이나 되고, 발사비용이 H-2A로 100억 엔이 들어가기 때문에, 지금까지의 누계만으로 8,000억 엔 이상이 됩니다.

물론 발사로 분해 능력을 향상시키고, 또한 포인팅(방향 정도)능력을 향상시켰고, 이제는 일반화이론과는 다르게 특별성향이 되었다고 생각합니다. 그럼에도 불구하고, 정보수집위성에 의해 취득한 데이터는 공식적으로 발표되지 않으며, 오가사와라해역에서의 중국어선의 동향에 대해서만 표시하도록 내각의 자의적인 사용법이 눈에 띕니다. 비밀주의가 횡행하게 되었습니다.

H-2A는 정보수집위성을 발사하는 것 이외에, 정지기상위성 [히마와리], 육상관측기술위성 [다이치], 인터넷위성 [키즈나], 온실효과 가스관측기술위성 [이부키], 물 순환 변동관측위성 [시즈쿠] 등, 지구환경을 감시하는 실용위성을 발사하고 있습니다([기술위성]이라는 이름이 붙여진 것은, 슈퍼301호의 적용을 피하기 위한 기술시험위성입니다). 더불어 대형로켓이기 때문에 중량에 여유가 있을 경우에는 대학이나 기업이 개발한 소형위성을 같이 실어 발사하는 실험도 실시하고 있습니다. 주목되는 것은, 2010년부터 준천정시스템위성 [미치비키]를 발사했다는 것입니다. 일본의 산악지역에서도 GPS전파를 수신할 수 있도록 한다는 캐치프레이즈([미츠비키]라는 이름이 의미인 듯합니다)로 발사·운용되지만, 앞에서 언급했듯이 GPS신호는 본래 군대를 위한 위치정보를 제공하며, 미군의 GPS위성을 보완하기 위한 것입니다. 앞으로는 7기 체제를 구축하려 합니다.

반면 우주과학연구소가 개발해 온 M−V로켓은, 1998년 화성탐사기 [노조미]의 궤도 투입에 실패, 2000년 X선위성 [ASTRO−E＝히류우]의 실패가 있어 연구소 검증 시기를 걸쳐 2003년 5월에 소혹성탐사기 [하야부사] 발사에 성공했습니다. 그리고 2005년에는 X선천문위성 [스자쿠], 2006년 2월에 적외선천문위성 [아카리], 9월에 태양관측위성 [히노데]를 발사한 후 M−V는 개발중지되었습니다. 개발비가 높다는 것이 그 이유였지만, 절약할 수 있는 발사비용은 1기당 100억 엔 정도입니다. 이에 비하면 정보수집위성이 더 높은 비용이라는 점을 알 수 있을 것이라 생각됩니다.

M−V가 중지되고 지금까지의 과학위성을 H−2A가 발사하게 되었고, 2007년에 달주회위성 [카구야](와 소형위성 [오키나], [오우나] 3기로 세트), 2010년에 금성대기관측위성 [아카츠키](궤도진입 실패), 2014년에 [하야부사 2]를 비행궤도에 진입해 왔습니다. 이를 봐도 알 수 있듯이, 과학위성의 발사가 3~4년에 1회로 감소되었습니다. 로켓이 대형화되면 당연히 큰 예산을 필요로 하고, 200억 엔 정도의 예산의 우주과학 분야에서는 병행하여 몇 개의 분야에서의 우주개발을 진행하게 되면, 이 같은 간격이 생겨납니다. 또한 국제우주정거장의 보급기 HTV를 발사하기 위해, 보다 대형의 보다 높은 가격의 H−2B를 개발했기 때문에, 예산이 촉박해서 과학위성에 영향이 있었다고 할 수 있습니다. 로켓의 대형화로 인하여 [Cheap, Quick]은 없어지고, 일본 과학위성의 특징이 사라져 버렸습니다.

여기서 검토된 것이 소형 고체연료로켓의 개발이었습니다. 낮은 가격에서 기동적으로 인공위성을 발사할 수 있도록 하고, 다시 [Cheap, Quick]의 노선으로 되돌리려는 이유입니다. 그것이 입실론 로켓으로,

M－V로켓의 약 3분의 2의 발사능력을 갖고, 비용은 약 3분의 1(30억 엔)을 실현하는 것이 목표였습니다. 3단식으로 1단은 H－2A의 개량형, 2단 3단은 M－V의 개량형으로 하며 시험기의 발사에 성공해 혹성의 분광관측을 하는 위성 [히사키]라고 이름이 붙여졌습니다. 2017년도부터 과학위성 주체 발사를 2년에 2기 정도 하는 것이 예정되어 있습니다. 예정되어 있는 과학위성계획으로는 중력파관측위성, 암흑물질(Dark Baryon)탐사위성(관측되지 않은 물질을 찾습니다), 적외선에 의한 위치천문위성, 우주배경방사관측위성(우주 초기의 방사를 자세히 관측합니다) 등, 천문학에 있어 매우 매력적인 프로젝트가 계획되어 있습니다. 정보수집위성에 사용되는 금액이 있다면, 이와 같은 과학목적을 위해서 좀더 자금을 사용했으면 좋겠다고 생각합니다.

이상의 흐름에서 알 수 있듯이, 3기관이 통합할 때 제가 걱정했던 우주과학연구소가 우주개발사업으로 흡수되어 버리는 것은 당연한 것이었습니다. 입실론 로켓의 개발로 완전히 우주과학이 무너지지 않았던 것이 도왔습니다. 이를 실현하게 된 것은 JAXA에 소속하는 한편 [우주과학연구소(ISAS)]라는 독립된 간판을 내세워, 우주과학연구의 중요성을 알린 것 때문이 아닐까요. 미국의 NASA도 이와 같은 방법을 모색해 길을 찾고 있다고 생각합니다. 이에 대해서는 다음 장에서 다루도록 하겠습니다.

이 제3기에서 가장 중요한 문제는 [우주기본법]이 2008년에 성립되었다는 것입니다. 지금까지 문부성이 주체였던 우주개발이었지만, 정보수집위성관계에서 내각부와 방위성이 개입해, 우주산업을 육성시킨다는 명목으로 경산성이 소리를 내고, 환경조사라는 목표를 위해 환경성도 관계되며, 원격통신의 관재는 총무성, 기상업무는 국교성이라는 여러 성청이 관여하는 문제가 많이 있고, 종합적으로 우주개발의 방향을 논의하지 않으면 안 된다고 인식을 받게 된 점이 법률을 제정하는 계기가 되었습니다. 동시에 우주개발의 중요한 방향을 군사에 대비한 다는 큰 목표도 있었다고 생각됩니다.

여기서 내각총리대신을 본부장으로 하는 우주개발전략본부를 사령 탑으로 하고, 여기에 우주정책담당 대신을 부본부장으로 배치해, 본부 원에는 전국대무대신을 배치하겠다는 국가를 중심으로 체제를 만들었 습니다. 그래서 내각부에 우주정책위원회를 설치하고, 우주개발정책, 우주이용, 우주기관예산, 우주환경의 보전 등, 우주에 관련된 중요사항 을 심의한다는 체제가 되었습니다. 더욱이 우주기본계획을 5년에 한 번 씩 개정하기로 결정되었습니다. 그것은 다음 장에서 문제로 삼을 예정 이지만, 우주기본법의 제정은 다음과 같은 문제가 함께하고 있습니다.

우선 우주기본법의 제3조에 [일본의 안전보장에 이바지한다]라는 문언이 들어 있다는 것입니다. 더욱이 14조에는 [일본의 안전보장에 이 바지하는 우주개발이용을 추진한다]고, 두 번이나 [안전보장]이 강조 되어 있습니다. 1969년 국회결의에 있던 [우주개발은 평화목적에 한한 다]는 정신에서 국가의 안전보장을 위한 우주를 이용 한다고 변경된 것 입니다. 지금까지의 [비군사]에서 [비침략]으로 [공식적으로] 기본방 침을 바꾼 것이 됩니다. 우주전략은 전수방위이기 때문에 그것은 헌법 에 위반하지 않는 것이 당시 정부의 대답이었습니다. 여기서 사용되는 [전수방위]의 해석으로 [한결같이 타국의 영토를 공격하는 것을 목적 으로 한 우주무기]는 금지되어 있지만, [방어적인 우주무기]의 보유는 가능하다고 강인한 해석을 정부는 이야기합니다. 그러나 어느 국가여 도 [방어]를 위한다고 말해 무기를 보유하는 것으로 결코 [공격]을 위한 것이라고는 하지 않습니다. 또한 방어무기와 공격무기는 본래 구별할 수 없으며, 필요에 따라 무기는 인간을 살상하는 무기이고, 군사력을 위해 이용하는 것은 사실입니다.

이때부터 [국가의 안전보장]이라는 단어가 빈번히 사용되었고, 우리들은 익숙해져 위화감을 갖지 않게 되었습니다. 국가의 안전보장은, 단적으로 말하자면 외국으로부터의 공격이나 침략에 대비해 군사적 조치를 취하는 것으로, 국가가 군사체제를 대비해 외국의 세력에 대항하는 것을 의미합니다. 곧 이것은 공격받기 전에 적을 타진하는 것이며, 더욱이 동맹군에게 협력해 위험국가를 벌하는 집단적자위권의 발상으로 이어지게 됩니다. 이처럼 [안전보장]이라는 단어는 얼마든지 확대 해석되어, 이와 함께 군사체제의 강화가 이루어지게 됩니다. [안전보장에 이바지한다]는 우주개발은 도대체 무엇일까요. 그것은 다음 4기, 즉 현시점의 측면에서 구체적으로 밝혀보려고 합니다.

제4기 2012년부터 현재까지

2012년 12월의 총선거에서 민주당이 참패해 아베정권이 발족되고, 여러 면에서 급속한 군사화 노선이 진행되었지만, 우주개발에 관해서는 민주당 정권의 말기에 결정적인 문제가 일어났습니다. 2012년에 JAXA법 개정이 이루어져, 우주개발은 [평화목적에 한정된다]는 조항이 말소된 것입니다.

JAXA법은, 정식으로는 [우주항공개발연구기구법]으로 2003년에 3기관이 통합되어 JAXA가 되면서 만들어진 법률이지만, 사실 1969년에 발족된 우주개발사업단법의 정신이 승계되었습니다. 따라서 1969년의 국회결의를 체현한 [평화목적에 한정된다]는 조항이 사업단법에 쓰여 있으며, 그것은 그대로 JAXA법에도 살아 있습니다. 하지만 이미 2008 년에 우주기본법에는 [안전보장에 이바지한다]는 문언이 들어 있기 때문에, 겉으로 보기에는 두 개의 법률이 모순되어 있다고 받아들여지는 것이 두려웠을 것입니다. 여기서 우주기본법과의 정합성을 모색하는 대의명분으로 평화조항을 말소하기로 했지만, 여기서 임시방편을 사용했습니다. 개정 전의 문서에서 [평화의 목적에 한정하는]이라고 되어 있는 것을 [우주기본법 제2조인 우주의 평화적 이용에 관한 기본이념에 따라]라는 문언으로 개정했습니다. 우주기본법 제2조에서는, [우주 개발이용은, (중략) 일본국가 헌법의 평화주의의 이념에 따라, 이루어지는 것으로 한다]고 되며, 어찌되었든 일본국 헌법에 따르는 것과 같은 내용을 갖고 있다고 보이지만, 2003년에는 정보수집위성을 발사한 다음 미사일방어를 미국과 체결했습니다. 이것도 일본국 헌법의 이념에 따른 것입니다. 단어의 사용과 현실은 괴리감이 있으며, 허무하게 헌법이 뒤로 물러나 있습니다. 헌법이라는 단어조차 사용한다면 어떤 식으로도 해석할 수 있는 좋은 예라고 말할 수 있을 것입니다.

더욱이 JAXA법의 제24조의 [기관에 대해 필요한 조치를 취하는 것을 요구할 수 있다]는 조항에 [일본의 국제협력 추진 혹은 국제적인 평화 및 안전의 유지를 위해 특히 필요가 있다고 인정되면 또한 긴급히 필요가 있다고 인정될 때]라는 항목을 첨부하였습니다. 이미 [국제적인 평화 및 안전을 위해]라는 명목에서 아프가니스탄 전쟁과 이라크 전쟁 시에 자위대는 이지스함으로 타국의 연료보급과 병참활동을 해 왔지만, 이것을 우주의 이용에도 확대시키려는 것입니다. 게다가 우주에서 얻은 정보를 해외에 파견한 자위대 활동에 도움을 주는 것이 의도되어 있고(이미 정보수집위성과 기상위성으로 얻은 정보를 자위대는 사용하고 있지만), 이 법률에 따라 당당히 정식으로 JAXA를 [안전보장에 이바지]하기 위해 동원할 수 있다고 할 수 있지 않을까요. 제가 제4기를 2012년으로 설정한 것은 바로 JAXA법의 [개정]으로 인하여 JAXA가 국가의 군사화 노선에 본격적으로 진행시켜 가는 출발점이 되었다는 것을 고려했기 때문입니다.

다음 장에서 정리하듯이, 2013년부터 JAXA는 봇물 터지듯 방위성과의 관계를 강화하고, 군사화 노선을 계속해 걷고 있습니다. 법률 문언의 중요성을 절실히 느끼고 있습니다.

제 4 장

군사화가 진행되는
일본의 우주개발

아시아태평양전쟁 후 일본의 역사는, 평화적인 민주화노선으로 출발했지만, 조금씩 보수노선이 회복하면서 군사화가 부활해 가는 흐름이었다고 할 수 있습니다. 그 배경에는 미국과의 안전보장조약이라는 군사동맹이 있고, 또한 경제계의 압력이 강해져서 정치에 영향을 끼치게 되었다는 점이 있다고 생각됩니다. 민주주의를 언급하면서 복고·보수주의의 자민당이 오랫동안 정권을 잡고 있으며, 도중에 정권에 교대가 있어도 거의 짧은 기간이어서, 그 정책은 마치 자민당을 거치는 것이기 때문에, 실질적으로는 자민당의 지배가 계속되어 왔다고 말해도 과언은 아닙니다. 그 과정에서 패전에 의해 일단 만들어진 민주적인 제도와 구조가 점점 붕괴되어 우익적으로 재편성되어 왔다는 것이 전후 역사라고 말할 수 있습니다. 그 후 타깃이 헌법(그중에서도 제9조)으로, 지금 그 [개정]을 둘러싸고 공방의 위치에 놓여 있습니다. 우주의 군사화노선도 마찬가지로, 세계적으로는 보기 힘든 평화노선에서 출발한 우주개발입니다만, 지금 [안전보장을 위해]라는 명목에서 군사로 들어가려 하고 있습니다. 전장까지 언급해 온 역사를 우주의 군사화흐름이라는 관점에서 다시 정리한 후, 현재 발생되고 있는 상황을 정리해 보고 싶습니다.

평화노선으로부터의 출발

일본의 로켓 개발은 이토가와 히데오의 펜슬로켓에서 시작되었습니다. 이토가와는 전전 나카지마비행기(전 후지중공업)에 의해 전투기를 개발해 [하야부사]를 설계하였습니다. 그 이름이 소혹성 탐사기 [하야부사]로 이름이 붙여졌고, [이토가와]라고 불린 소혹성에서 샘플을 갖고 돌아왔으며, 발사 후 7년에 걸쳐 지구로 돌아와 태워졌습니다. 마치 이토가와를 표창하는 듯한 이벤트가 되었지만, 이토가와도 [하야부사] 도 전후와 적지 않은 관계가 있었다는 점을 잊어서는 안 됩니다. 이토가와 히데오의 펜슬로켓연구의 첫 목적은 비행기의 로켓엔진으로, 태평양을 20분 만에 횡단하는 항공기를 실현하는 것이었습니다. 그렇기 때문에 인공위성 정도의 추력을 필요로 하지 않고, 구조가 비교적 단순한 고체연료 로켓으로 하는 것이 필요했습니다. 그는 하늘을 정복하는 것을 꿈에 둔 사람이었을 것입니다. 펜슬로켓의 개발에 있어서는, 후지정밀이 후원자가 된 것도 기억해 둬야 한다고 생각합니다. 이 회사는 현재 IHI Aerospace사로 군수기업으로 발전했고, 일본 우주개발의 협력도 군사이용이 배경에 있다는 것도 사실입니다.

이토가와에게 있어 행운이었던 것은, 1957~1958년에 있었던 지구관측년에 일본도 참가했다는 점입니다. 특히 태양의 자기장이 지구에 어떠한 영향을 끼치는지를 조사하기 위해 태양표면의 관측과 지구의 고층대기의 측정을 하는 것이 요구되어, 이토가와는 상공 100km까지 도달하는 로켓을 발사하는 프로젝트로 예산을 획득할 수 있었습니다. 이때부터 우주로켓에 전심을 다하게 되었습니다. 덧붙여 말하면 소련의 인공위성 [스푸트니크]가 1957년 10월에 성공하고, 이어서 1958년 1월에 미국이 인공위성 [익스플로러]를 발사한 것도, 지구관측년에서 가장 먼저 성공하고 싶다는 목표가 있었기 때문입니다. 과학목표가 국가의 위신을 위해 사용되어, 국력을 내세워 추구한 사건이었다고 할 수 있을 것입니다.

이토가와의 로켓개발은 베이비, 카파, 라무다와 대형화를 추진해, 1970년에 인공위성 [오오스미]의 성공이 그 후 발전의 이정표가 되었

었습니다. 한층 더 로켓의 대형화로 인해 과학위성을 발사하는 노선이
여기서 정착하게 되었기 때문입니다. [오오스미]의 성공에는 타국이 탄
도미사일 개발의 부산물로서 인공위성을 발사한 것에 비해, 일본에서
는 [대학의 부속연구소가 순수한 민생기술로서 로켓연구를 한다, 비군
사 목적에서의 인공위성 개발에는 성공했다]라는 의미가 있습니다. 일
본의 우주개발은 평화노선의 상징이었습니다.

우주개발사업단의 발족

한편 과학적 목적 이외의 인공위성이나 로켓을 개발하는 것을 목적
으로 과학기술청에 우주개발추진본부가 만들어진 것이 1964년으로, 상
용의 실용인공위성 발사를 명목으로 하고 있었습니다. 미사일로의 전
환도 고려하고 있었는지도 모르겠습니다. 이는 당초에 동경대학의 고
체연료 로켓을 1단에 사용하는 실험이 있었기 때문입니다(2단은 액체연
료로켓). 미사일은 언제라도 발사할 수 있듯 고체연료로켓으로 하는 것
이 바람직하기 때문입니다. 그러나 타국의 인공위성을 발사하는 장사
를 하기 위해서는, 추진력이 강하고 제어하기 쉬운 액체연료로켓으로
하는 것이 요구되어 그 개발을 하지만, 좀처럼 성공하지는 못했습니다.
여기서 미국으로부터의 기술이전을 받아 손에 넣어 빨리 로켓개발을
하게 되고, 그 조건으로 과학기술청 산하의 특수법인으로서 1969년 10
월에 우주개발사업단(NASDA)이 발족하게 되었습니다.

이 때문에 작성된 우주개발사업단법 제1조의 첫 머리에 [우주개발
사업단은 평화적 목적에 한하여, (중략) 우주개발 및 이용의 촉진에 기
여하는 것을 목적으로 설립된다]고 명시되어 있습니다. 이 법률의 심의

과정에서, 중의원본회의(1969년 5월)에서는 [일본의 우주개발 및 이용의 기본에 관한 결의]가 제안되어, 거기에는 [일본에 관한 지구상의 대기권 주요부분을 넘는 우주로 발사되는 물체 및 그 발사로켓의 개발, 이용은 평화의 목적에 제한(이하 생략)]이라고 말하고 있습니다. 더욱이 참의원의 특별위원회(1969년 6월)에는 [일본의 우주개발 및 이용에 관한 활동은 평화목적에 한정되며, 또한 자주, 민주, 공개, 국제협력의 원칙하에 이를 실행한다]고 부대결의가 이루어졌습니다. 여기서 말하는 [평화]란, 1968년의 61회 국회에서 [세계적으로는 비침략과 사용방법도 있지만, 일본에 대해서는 비군사를 의미한다]는 것이 확인되었고, 평화=비군사인 것에 의문의 여지가 없는 것이었습니다. 더욱이 정찰위성과 같은 [방위목적으로 비공격적]인 것이어도, 이 국회결의에는 저촉되는 것입니다.

실제로 우주개발에 관한 일본과 미국 간의 협력에 관한 교섭공문(1969년 7월)에서, 그 첫머리에 [평화목적을 위한 우주개발에 관한 일본국과 미국합중국과의 협력에 대해]로 시작하고, [평화적 응용을 위한 위성의 개발을 위해, 비밀이 아닌 기술 및 기기의 합중국 기업에 의한 제공]과 [일본국에 이전된 기술 또는 기기는, 평화목적을 위해서만 사용되는 것]이라고 결정조건을 명시하고 있습니다. 오로지 미국 측으로부터의 기술제공이지만, 일본은 평화목적을 위해서만 사용하는 것을 명확히 서술하고 있는 것입니다. 이에는 국회에서의 결의가 효력이 있다고 생각됩니다.

이와 같은 경위를 거쳐, 우주개발사업단은 미국의 기술제공과 라이선스생산이라는 손쉬운 방법으로 로켓개발을 시작했고, 빨라도 1975년에 액체연료로켓인 N-1로켓에 의해 인공위성 [키쿠 1호]를 성공시켰습니다. 동경대가 펜슬로켓부터 시작한 인공위성을 발사하는데 16년이 걸린 점을 생각하면, 겨우 6년 만에 성공시켰기 때문에, 매우 효율적이라고 할 수 있을 것입니다. 무엇보다도 원자력발전의 [턴키(Turnkey)계약]과 마찬가지로, 완성된 기술을 도입해 결과만을 빨리 손에 넣는 방식이기 때문에, 정말로 기술이 뿌리내리기에는 시간이 걸립니다. 사실 원자력발전은 허술하게 일본에 자리잡은 기술이라는 것은, 츠나미(와 지진)로 후쿠시마원자력발전소의 과혹한 사고를 초래한 것을 보면 알 수 있을 것입니다. 일본 풍토에 맞지 않는 기술이었기 때문에. 로켓에 대해서는, 일본에 맞는 기술(H-2로켓)이 되기까지 적어도 25년의 시간을 들였습니다. 이것이 길든 짧든 판단하는 것은 어려운 일이지만, 적어도 그 동안, 다음처럼 보듯이 상당한 우여곡절이 있었다는 것은 알 수 있습니다.

1975년부터 N-1로켓으로 1982년까지 7기의 인공위성을 발사했습니다만, 발사능력에 한계가 있다고 해서 그 뒤를 잇는 N-2로켓을 개발하게 되었습니다. 그리고 1981년부터 1986년까지 8기를 발사하여 모두 성공시켰지만, 5년 만에 개발이 종료되었습니다. N-1로켓, N-2로켓 모두가 미국의 델타로켓의 복사였고, 중요한 것은 블랙박스로서 일본 측에는 공개되지 않았습니다. 이러한 상황에서는 기술자도 육성시키지 못하고, 기술도 계승할 수 없습니다. 아마 기술수입노선의 의문점이 붙여진 것은 아닐까요.

여기서 뒤이어 개발된 것이 1986년에 발사된 H-1로켓으로 국산 비율은 70% 정도였습니다. 상당히 많은 부분이 국산화되었다고 생각하실지 모르겠지만, 로켓의 중요한 부분은 역시 블랙박스입니다. 어느 국가도 그렇게 간단하게 약점의 기술을 개방하지 않고, 주도권을 넘기지 않는 것은 당연할 것입니다. 1992년까지 H-1로켓으로 9기의 실용정지위성을 발사에 성공시켰습니다.

이에 기분이 좋아져서 욕심을 부려 가며 국산화를 보다 높이고, 또한 대형화된 H-2로켓을 개발해 1994년에 1호기를 발사했습니다. 4기를 발사해서 성공했을 때까지는 좋았지만, 2기를 연이어 실패했습니다. 이러한 일도 있어 H-2개발에 이행하게 되었지만, 주된 원인은 로켓 발사 비용이 방대했기 때문입니다. 간소화된 설계로 전환하게 된 것입니다. H-2A는 2001년부터 운용을 개시해, 1회의 실패를 제외하고 27회 발사에 성공했습니다. 신뢰할 수 있는 로켓의 국제기준으로서 [25회 발사에 1회 이하 실패]가 있는 듯하며, 드디어 신뢰할 수 있는 로켓으로 도달하게 된 것입니다. 더욱이 강력한 로켓 H-2B를 개발해, 2009년 이후 16t의 물자를 국제우주정거장에 운반하고 있습니다. 이로써 겨우 일본의 로켓으로서 자긍심을 갖게 되었습니다만, 시행착오의 역사였다고 할 수 있습니다. 사실 직접 제작한 로켓의 종류와 실제 사용기간, 위성 발사 수를 리스트로 보면 다음과 같습니다.

N-1로켓	7년	7기	N-2로켓	5년	8기
H-1로켓	6년	9기	H-2로켓	7년	4기
H-2A로켓	15년 이상	27기	H-2B로켓	6년 이상	4기

평화노선에 대한 간섭

이처럼 평화노선에서 출발한 일본의 우주개발이었지만, 이에 대해 자민당과 경제계는 강하게 반발하고, 우주의 군사이용의 길을 닦을 활

동을 해 왔습니다. 그 도달점이 앞장에서 언급한 2008년의 우주개발기
본법의 제정으로, 거기에 [안전보장에 이바지한다]는 조문을 더하는 것
으로 돌파구로 삼은 것입니다. 그 이유와 실제 정치의 움직임을 더욱 자
세하게 하기 위해서입니다.

자민당이 [안전보장]을 강조한 우주개발기본법을 내건 이유로서는
1969년 국회에서의 [평화이용결의], 1985년 정부견해인 [일반화 이
론], 1989년의 미국 측으로부터의 압력에 의해 이루어진 [미일위성조
달합의], 분쟁 당사국 등에 무기 수출을 금지한 [무기수출 3원칙], 이 4
가지를 들 수 있습니다. 이러한 것들이 우주의 군사이용을 방해하고 있
는 장해물이라는 것입니다.

바로 앞에서도 언급했듯이, [평화이용결의]에 관한 [평화]는 [비군
사]이지만 1969년의 정부 공식견해였습니다. 그러나 [평화이용]의 의
미(해석)를 [비침략] 혹은 [방위목적]으로 변경하자는 주장입니다. 실
제로 평화개념은 점점 변질되었고, 정찰위성은 [방위목적]이며, [미공
격적]인 사용방법이기 때문에 허용된다는 방향으로 되었습니다. 이른
바 감시카메라가 상공에 있는 것뿐으로, 방법을 위한 것이기 때문에 문
제는 없다는 것입니다. 안전·안심을 추구하는 사람들의 감각을 이용하
고 있다고 할 수 있을까요.

이 평화이용의 정의 변경에 [일반화이론]을 더한 첫 번째 움직임이,
해상자위대의 이지스함에 의한 미국의 프리셋정보 이용입니다. 이지스
함은 적기를 재빠르게 탐지하는 능력, 정보를 신속히 판단·처리하는
능력, 한 번에 많은 적과 교전할 수 있는 대공사격능력, 이 3개의 능력
을 갖는 이지스시스템을 갖춘 함정이라고 합니다. 때문에 이 시스템을
갖춘다면 순양함, 구축함, 프리깃함이 됩니다. 해상자위대의 이지스함

이, 미국의 정찰위성 프리셋에서 위치와 기상정보를 얻고 있었다는 것이 [평화이용결의]와 모순된다고 국회에서 문제가 되었습니다. 여기서 정부로부터 나온 통일견해가 [일반적으로 이용되고 있는 기능과 동등한 위성이라면 자위대가 이용하는 것은 가능하다]이며, [평화이용결의와는 저촉되지 않는다]는 것으로, 일반화이론으로 불리게 되었습니다. 지구관측정보가 일반적으로 나오게 되고, 이와 같은 정도라면 정찰위성과 상관없지 않은가라는 것입니다. 마치 감시카메라정보와 같은 감각이라고 할 수 있을 것입니다.

일본이 정보수집위성(정찰위성)을 발사한 것은 2003년의 일이지만, 이것이 구체적으로 국회에서 문제가 된 것은 1998년이었습니다. 이때의 정부견해도 정찰수집위성의 분석능력이 이 시점에서인 상용위성(이코노스)과 같은 것이라면, 일반화이론에는 저촉하지 않는다는 의견이었습니다. 상용위성의 능력은 점점 향상되기 때문에, 정보수집위성의 분해 능력도 점점 향상되어, 세계는 존재하지 않게 됩니다. 또한 정보수집위성의 데이터는 되지 않기 때문에, 원래 일반화이론에 부합한지는 알 수가 없습니다.

이처럼 [평화이용결의]도 [일반화이론]도 우주의 군사화를 막을 수 없는 것은 분명합니다. [방위목적] 또는 [비침략적], [일반에게 제공되는 것과 같은]이라는 핑계를 내세우면, 얼마든지 확대해석이 가능하게 되고, 군사를 위해 우주를 사용하는 것이 가능해집니다. 분명히 헌법 9조가 있는데 자위대라는 사실상의 군대를 갖고, 해외로 자위대를 파견하며, 더 나아가 집단적 자위권으로 타국의 전쟁에도 관여할 수 있도록 하고 있다는 점, 이와 같은 수법으로 우주의 군사화가 진행되고 있다고 할 수 있을 것입니다.

자민당이 문제점이 된다고 지적한 3가지의 [미일위성조달합의]는, 예의 슈퍼301조 문제입니다. 우주개발사업단은 미국의 노하우를 얻고, 조금씩 자신감을 가져 왔습니다. 이로 인해 미츠비시중공업, 카와자키 중공·후지중공·이시카와지마하리마중공(IHI) 등 [중공] 이름이 붙은 기업이 군수산업도 기술력을 높였고, 우주산업 면에서 보다 산업규모를 넓히고 싶다고 바라게 되었습니다. 그 시초가 1989년에 미국이 정부가 관련된 실용위성을 목적으로 한 위성(통신, 방송, 기상관측, 측지 등)의 부품조달을 슈퍼301조의 적용대상으로 하라는 압력을 준 것입니다. 정부는 결국 이를 받아들이고, 1990년에 미일합의문서가 교환되었습니다. [합의]의 내용은, 실용위성의 개발에서는 국제입찰을 하지 않아야 한다는 것입니다. 그러면 실력이 우수한 미국의 기업에게 지기 때문에, 일본 우주 관련 기업은 일본의 위성이어도 수주할 수 없게 되었습니다. 예외 규정으로서, [기술시험위성]이라면 국제입찰에 걸 필요가 없는 항목이 있습니다. 그러나 기술시험 후에 실용위성에 되면 [합의]위반이 됩니다. 따라서 [기술시험위성]이라고 이름이 붙은 위성은 얼마든지 발사되고 있지만, 이것이 성공했다고 해도 바로 실용위성으로 사용할 수는 없습니다.

예를 들면 2006년 12월에 발사된 [키쿠8호]는 통신방송기술을 위한 시험위성으로 [안테나를 우주공간에서 접은 우산처럼 이를 펴서 전파를 송수신한다]는 것을 시험하는 위성이었습니다. 하지만 이로 인해 얻은 전파기술은 바로 실용으로 사용할 수 없었습니다. 애써 얻은 기술이 헛되어졌습니다. 실제 H-2A로켓으로 발사된 기술시험위성은 [키쿠8호] 외에 [미도리 2], [코다마], [다이치], [이부키], [다이치2] 등이 있습니다.

한편 기상위성 [히마와리]는 실용위성이기 때문에 국제입찰이 되어, 미국의 스페이스 시스템·로럴사로부터 완성품을 구매한 것입니다. 국제입찰이 되면 미국의 기업이 낮은 가격으로 응찰하게 되지만, 만약 [합의]가 없다면 일본의 기업이 제작하게 되고, 이에 따라 일본의 기술을 닦을 수 있다는 기대를 할 수 있을 것입니다. 더욱이 [미일위성조달합의]는 일본의 실용위성개발에 있어 걸림돌이 되고 있다고 할 수 있습니다. 그러나 무엇 때문인지 자민당과 재계로부터는 이를 변경하려는 적극적인 움직임이 없었습니다. [대미종속]이라고 해도 방법이 없을 것입니다. H−2A로 발사된 실용위성으로서 [츠바사], [히마와리 6호, 7호, 8호], [키즈나], [미치비키], [시즈쿠] 등이 있습니다.

그 대신 우주산업이 노리고 있던 것은 일본 정부가 정보수집위성과 같은 군사목적의 위성을 다수 발주하는 것입니다. 마치, 우주사업이 군수산업으로 독립하는 것이 목적이었다고 할 수 있을 것입니다. 군사위성은 실용위성이 아니기 때문에 [합의]의 범위로부터 분리되며, 국제입찰을 하지 않고 끝나게 됩니다. 그 정찰위성의 제작 전무를 군수산업계가 독점할 수 있게 됩니다. 이로 인하여 2003년에 제1호 정찰수집위성이 발사되어, 현재까지 제4세대의 광학위성과 제3세대의 레이더위성, 제5세대의 광학준비기가 발사되었는데, 그 총금액이 8,000억 엔이 넘습니다.

무기수출 3원칙

다른 하나인 [무기수출 3원칙]이 [방위장비이전3원칙]과 사람을 매료시킨 듯한 원칙으로 바뀐 것은 어떤 경위에서 있었는지 언급하고 싶습니다. 무기수출 3원칙이란 원래는 1967년의 사토 에이사쿠수상의 국회답변으로 공산권, UN결의에서 무기수출조치가 있는 국가 그리고 분쟁당사국에게 무기 수출을 금지한 것입니다. 그 후 1976년에 미키 다케오수상이, 다른 국가에 대해서도 무기수출을 [금지한다]고 했고, 실제로 무기 · 무기제조기술 · 무기에 전용 가능한 물품의 수출을 하지 않는다고 하는 기본원칙을 확대했습니다. 그래서 [무기]의 정의로서, 군수가 직접 전투행위로 사용되는 것 및 물건을 파괴하는 목적으로서 행동하는 호위함 · 전투기 · 전차와 같은 것을 뜻합니다. 미사일과 미사일을 탑재한 인공위성 등도 이에 포함될 것입니다.

이것이 민주적인 결정으로 하려면, 다음에 이루어진 것은 무기수출에 관해 [예외규정]을 설정해 제한을 완화하고, 주요내용을 지워 군사화를 추진하는 움직임입니다.

그 처음은 1983년의 일로, 미일안전보장조약의 관점에서 미군을 향한 무기기술제공을 완화한다는 내각관방장관의 담화였습니다. 미일상호방위원조협정을 바탕으로 해 일본으로부터 미군에게 무기제공이 가능하다는 교환공문을 교환하고, 무기기술공동위원회를 발족시켜 항목이 체결되었습니다. 그 후 무기의 공동개발 · 생산 등을 예외로 한다는 조치가 2011년까지 놀랍게도 18회나 이루어졌습니다. 실제로 1991년에 시작된 걸프전쟁과 2003년의 이라크 전쟁 등에서 미국은 [분쟁당사국]임에도 불구하고 참여했기 때문에, 일본으로부터 무기기술의 제공이 이루어졌습니다. 더욱이 2004년 12월 말에는 미일 공동개발 · 생산된 탄도미사일 방어시스템은 3원칙의 대상에서 제외한다고 발표되었습니다. 이것은 2003년에 일본이 미국의 미사일방어망에 참여한 결과, 미일이 공동으로 탄도미사일 개발을 할 기회가 증가하였고, 실제로 무기수출 3원칙을 지키는 것이 불가능하다고 판단해, 예외 사항으로서 추인하게 되었습니다. 이른바 3원칙의 정신을 공동화하려는 이유입니다.

이처럼 군사개발이 국제공동으로 이루어지게 되면, 군사비밀 정보를 어떻게 보전하고, 어떻게 공개할 것인지 구별을 명확히 하지 않으면 안 됩니다. 갑자기 무기제조기술 등의 비밀군사정보를 제공하는 것과 무기수출 3원칙을 어떻게 조화롭게 할 것인가, 또한 비밀누설을 어떻게 방지할 것인지가 문제가 될 것입니다. 그 해결을 위해 각국 간 맺은 것이 [군사정보에 관한 포괄적 안전협정]으로, 미국과는 2007년에 체결했습니다. 이 협정에 의해 군사정보의 은닉이라는 명목에서 무기수출에 관해서도 비밀 취급하도록 되었습니다. 일단 군사정보라는 이름이 붙으면 점점 기밀로 확대되는 것과 동시에, 그것이 비밀로 취급되어 3원칙과 모순됩니다.

이러한 점도 있어서인지 2011년 12월에 [방위장비품 등의 해외이전에 관한 기준]이 관방장관 대담으로 나왔습니다. 그 내용은 [평화공헌·국제협력에 동반되는 조건 및 일본의 안전보장에 이바지하는 방위장비품 등의 국제공동개발·생산에 관한 조건은, 포괄적으로 예외 조치를 구상한다]는 것으로 [방위장비품]이라고 이름이 바뀌었고, 사실상 무기수출 3원칙을 포기하게 되었습니다. 그리고 드디어 2014년 4월 국가안전보장회의에서, [무기수출 3원칙]이라고 불리는 것이 개정되어, 완전히 [방위장비이전3원칙]이 되었습니다. 그 3원칙이란 다음과 같습니다.

[원칙1] 다음과 같을 경우에는 이전을 금지한다: ① 일본이 체결한 조약 그 외의 국제약속에 근거하는 의무에 위반했을 경우, ② UN안보리의 결의에 근거되는 의무에 위반했을 경우, ③ 분쟁당사국으로 이전이 되는 경우
[원칙2] 다음의 경우는 엄격한 심사 후 이전을 인정한다: ① 평화공헌 · 국제협력의 적극적인 추진에 이바지하는 경우, ② 일본의 안전보장에 이바지하는 경우(여기에 국제공동개발 · 생산, 안전보장 · 방어협력의 강화, 자위대의 활동, 자국인 보호에 필수불가결한 활동이 포함되어 있습니다)
[원칙3] 목적 외 사용 및 제3국 이전에 대해 엄정관리가 확보되어 있는 경우

　주목되는 것은 무기의 이전을 인정하는 [원칙 2]의 ②항목입니다. 국제공동개발 · 생산은 이미 앞의 관방장관담화에서 인정한 예외조치의 내용입니다만, 안전보장 · 방위협력 이후 사항이 새롭게 더해지면서 이전의 3원칙과는 질적으로 다릅니다. [일본의 안전보장에 이바지한다]고 쓰면 흔히 말하는 것이 포함되면서, 실질적으로 무기의 이전을 해금한 것과 같습니다. 더욱이 구체적인 항목의 예시(자위대의 활동, 자국인 보호)에 있듯이 집단적자위건 행사를 전제로 하고 있는 것이 명백합니다. 실제로 바로 그 후인 2014년 7월 1일에 집단적자위권의 행사가 내각결의되었습니다.

① [우주의 평화이용결의]는 [평화]의 정의를 비군사에서 비침략으로 변경한다.
② [일반화이론]은 정보수집위성의 비밀운용에 의해 실질적으로 파기한다.
③ [미일위성조달합의]는 실용위성이 아니라 정보수집위성에 의해 [합의]

로부터 제외한다.

④ [무기수출 3원칙]은 예외조치를 쌓는 것을 시작으로, 최종적으로 [방위장비이전3원칙]에서 무기의 수출을 해금한다.

이와 같이 [개헌]과 [해석의 자의적 변경]에 의해 숨기고 우주의 군사이용 확대와 군수산업으로의 길을 걸어왔습니다. 이 방법은 우선 관방장관담화 등에서 조금씩 나왔고, 그 후에 내각결정과 위원회 결정에서 권위를 내세워 실시할 수 있도록 하는 방법입니다. 전후의 일본이 걸어 온 역사를 반복해서 보고 있다고 생각합니다.

우주의 군사이용의 본격화

이상의 4가지 사항이 달라진 시기는 각각 다르고, 반드시 한 번에 우주의 군사화 준비가 진행된 것은 아닙니다. 문제에 따라 없애듯이 정치답변과 관방장관의 담화로 이루어지거나, 배경이 되는 법률이 [개정]되거나, 국가안전보장회의결정과 내각결정이 이루어지는 등 그 절차는 다양했습니다. 그러나 결정적인 것은 법률 제정 혹은 [개정]일 것입니다. 그것은 유무를 말하지 않는 방법으로 정치에 관련되어 가기 때문입니다. 우주 관련 법률에서 결정적인 것은 2008년의 우주기본법 제정과 2012년의 JAXA법 [개정]이라는 것은 논할 필요도 있을 것입니다.

전자에서는, 우주개발을 [안전보장에 이바지]하기 위해서라고 선언했고 [비군사에서 비침략]으로의 노선을 정착시켰습니다. [평화]의 정의 변경을 하지 않는다는 것은 [우주의 평화이용결의]에 포함되어 있던 정신을 완전히 매장한 것입니다. 그리고 이에 멈추지 않고 후자에서 우주개발은 [평화목적에 한정된다]는 문장을 말소함으로써, 군사개발로 당당히 나아갈 것이라고 명확히 했습니다. [방위목적]이라고 하면 어떠한 무기여도 보유하는 것이 가능하고, [방위를 위해]라고 해서 타국으로 진출하거나 선제공격도 할 수 있습니다. 우주에 있어 정찰위성, 준천정(GPS)위성, 조기경계위성, 비밀통신위성, 미사일탑재위성, 레이더위성 등 군사목적을 위한 위성이 얼마든지 개발·생산되고 있습니다. 당연히 이것들은 비밀로 운용되는 것이기 때문에, 우리들이 알지도 못하는 동안에 군사동원체제에 얽혀져 있다는 사태에 놓여 있습니다. 그리고 지금 그 움직임이 계속 가속화되고 있습니다.

특히 아베정권 이후 군사화노선이 노골적으로 진행되었고, 여러 시책이 추진되고 있습니다. 여기서는 JAXA법의 [개정] 후에 실시해 온 우주개발과 JAXA에 관한 사항을 연표로 정리해 보겠습니다.

2012년 1월	우주기본계획 책정
2013년 4월	JAXA가 방위성과의 기술협력개시[2014년도]
2013년 5월	[우주에 관한 포괄적인 미일대화] 개시[매년 1년마다]
2013년 12월	[특정비밀 보호에 관한 법률]의 내각결정
2013년 12월	[평성26년도 방위대망]의 내각 결정
2014년 4월	[방위장비이전3원칙]의 내각결정
	2014년도 방위성예산에 JAXA와의 공동연구를 명기
	[2015년도]
2014년 7월	[집단적자위권의 행사용인]의 내각결정
2014년 12월	미일방어협력을 위한 지침[가이드라인]재검토
	특정비밀보호법 시행
2015년 1월	우주개발전략본부에 의한 新[우주기본계획]결정

2015년 4월	방위성의 경쟁적 자금[안전보장기술연구추진제도] 발족

이 중에서 특히 新[우주기본계획]에 대해서 다루도록 하겠습니다.

新[우주기본계획]

우주기본법이 책정되고, 우주정책의 사령탑은 내각부(우주개발전략 본부를 두어 실무는 우주국우주개발실이 관리)가 되었고 JAXA는 우주개발 이용을 기술을 통해 지원하는 실시기관으로 자리잡게 되었습니다. 결국 우주개발계획은 정치적·경제적 입장을 우선으로 하여 입안되었고, JAXA는 그 하청에 지나지 않으며 발표된 방침을 효율성 있게 실시하면 된다는 것입니다. 마치 탑다운 방식이 된 것입니다. 이렇게 되면 정치적으로는 안전보장을 위해, 경제적으로는 우주(군수)산업의 보호·원조를 위한 것으로, 연구현장에서 학문적 요구를 위해 위성계획을 만들어 가는 보텀업방식의 과학연구실이 배제되어 갈 위험성이 있습니다. 실제로 앞장의 우주개발의 역사를 보면, 그와 같은 상황에 몰아붙여지고 있다는 것을 상상 할 수 있습니다. 그것을 구체적으로 제시한 것이 우주기본계획으로, 우주기본법에서 정해진 것이 규정되었고, 2008년 이후 5년마다 재검토하기로 되어 있습니다(제1회 우주기본계획은 1년 뒤늦은 2009년 1월이 되었습니다).

2013년 1월에 발표된 제2회 우주기본계획은, 막 아베정권으로 교체된 점도 있고, 그 내용은 전 민주당정권시대에 책정된 것이었습니다. 여기에 제안되어 있는 우주이용의 중점 과제는 (1) 안전보장·방재, (2)

산업진흥, (3) 우주과학 등의 프런티어 3가지로, 또한 우주과학을 중시하는 자세는 보였다라고 말할 수 있을 것입니다. 그러나 과학기술력과 산업기반의 특징, 향상이 말하고 있듯이, 우주이용으로 인하여 산업·생활·행정의 고도화를 모색하고, 산업경쟁력을 높이는 것이 주요 목적입니다.

사실 계획의 주된 포인트는 (1) 안전보장·방재와 (2) 업부흥을 일치시켜 4개의 사회 인프라로서 다음을 제시하고 있습니다.

[A] 준천정위성시스템의 충실(당시 4기, 앞으로 7기로 확대)
[B] 정보수집위성(광학·레이더위성 2기씩 4기 체제 유지)
[C] 방위통신·기상위성(X밴드 비밀통신위성의 확보)
[D] 우주수송시스템(입실론 위성과 H-2A로켓의 고도화)

여기에서 볼 수 있듯이, 위성계획이 매우 구체적으로 되었고 점차 예산을 받아야 하는 속셈이 분명합니다. 그리고 무엇보다 안보장이라는 이름의 군사화를 위해 우주를 이용한다는 방침이 훤히 보입니다. 그리고 한결같이 군사로켓제조에서 발사까지 관리하는 것은 기업(미츠비시중공업을 필두로 하는 군수산업)이며, JAXA는 그 중개·감사기관에 지나지 않는다는 것은 분명합니다. 사실 H-2A 및 H-2B로켓은 공동으로 개발했지만, 실제 제조·발사는 미츠비시중공업의 단독으로 이루어졌습니다. 이것이 (3)의 우주과학의 프런티어에서는 다음과 같이 쓰여 있을 뿐입니다.

(E) 우주과학 · 우주탐사 프로그램(일정 규모의 자금 확보)

(F) 유인우주활동 프로그램(부단한 경비감소, 효율적인 연구와 연구내용
의 충실)

(G) 우주태양광발전 연구개발프로그램(착실한 기술실증 실시)

특히 (F)와 (G)에 대해서는, 공정표가 [비용대비 효과와 평가, 검토]
가 강조되어 있으며, 재정사정을 이유로 축소하거나 중지할 가능성을
시사하고 있는 듯합니다. (E)의 우주개발관련에 대해서는, 지금까지 세
계적으로 우수한 실적을 제시하면서, 앞으로도 일정 규모의 자금을 확
보한다고 되어 있지만 구체적인 수치는 나와 있지 않습니다. 마지막에
언급하듯이 아마 우주과학연구를 하는 우주과학연구소(ISAS)를 우주개
발의 광고탑으로 이용하고, 그 뒤에 군사목적에 동원한다는 NASA방식
을 채택해 갈 것입니다.

이 엄격한 제2회 우주기본계획입니다만, 그래도 느리다고 해도 겨
우 2년 동안에 개정된 新[우주기본계획]이 2015년 1월에 우주개발전략
본부로부터 발표되었습니다. 마치 아베의 색이 선명하게 나온 것이기
때문에 이 문장에는 [안전보장]이라는 단어가 무려 55회 반복되고 있습
니다. 우주의 군사화노선이 보다 명확하게 내세운 것입니다.

(1) 우주안전보장의 확보

(2) 민간 분야의 우주이용 추진

(3) 우주산업 및 과학기술의 기반 유지 · 강화

예를 들어 우주정책의 목표로 이와 같은 3가지를 제시하고 있지만,

여기에는 우주과학의 프런티어라는 단어도 이제는 나오지 않습니다. (1)의 우주안전보장의 확보이며, 우주공간의 안정적인 이용, 안전보장 능력의 강화, 우주협력을 통한 미일동맹의 강화의 강화, 3가지가 제시되어 있습니다. (2)와 (3)에서는 우주에 관련된 신산업의 창출과 우주산업관련 기반의 유지 · 강화가 말하고 있듯이, 경제계로부터의 요망을 반영하고 있으며 재계에 봉사하는 자세도 선명합니다.

그리고 구체적인 우주프로젝트를 보면 (1) 위성관측(준천정위성 7기 체제), (2) 위성 리모트센싱(정보수집위성의 기수 증가), (3) 위성통신 · 위성방송(X밴드 비밀통신위성), (4) 우주수송시스템(H－2A, H－2B, 입실론 로켓의 강화), (5) 우주상황의 파악(SSA, 후술), (6) 해양상황 파악(MDA, 후술), (7) 조기경계 등(조기경계위성 검토, 2파장 적외선 센서의 검증연구, 후술), (8) 우주시스템 전반의 항탄성 강화, (9) 우주과학 · 탐사 및 유인 우주활동(과학위성은 10년 동안 3기, 국제우주정거장은 2020년까지)으로 되어 있습니다. 9개 중 8번까지가 우주의 군비확산에 관련된 것으로 우주는 군사로 갈아탔다고 해도 과언이 아닙니다.

이 새로운 우주기본계획으로 정보수집위성은 지금까지 내각부의 예산을 통해 이루어졌지만, 예산마다 JAXA에 이관되는 것이 아닌가라고 생각했습니다. 아무튼 1기에 500억 엔 가까이 들어가고, 상시 4기(광학위성 2기, 레이더위성 2기)체제를 유지하기 위해서는 1년에 1,000억 엔 이상 들지 않으면 안 됩니다. 정보수집위성은 과혹하게 사용하기 위해 수명은 2~3년으로 되어 있기 때문입니다. 그러나 JAXA의 예산이 늘어나도 정보수집위성 개발에 문제가 생기면, 그 예산은 최우선이 될 것입니다. 그렇게 되면 예산부족 현상이 발생해 다른 위성계획에 영향을 주어, 10년에 3기로 되어 있는 과학위성(겨우 200억 엔)의 발사가 연장될 가능성이 있습니다. 실제로 新[우주기본계획]에서 예상되어 있는 예산으로는 국제우주정거장에서의 유인비행을 중지하지 않으면 과학위성계획이 진행되지 않는다라는 지적도 있습니다. [武]를 위해 [文]이 철퇴하게 된 것입니다. 매우 슬픈 기분이 듭니다.

제 5 장

급진전하는 군산학 공동과 JAXA

일본에 있어 일본학술회의가 1950년과 1976년에 2번에 걸쳐 결의
했듯이, [군사(전쟁)를 위한 연구는 하지 않는다]라는 철칙이 오랜 시간
동안 지켜져 왔습니다. 메이지 이후, 부국강병으로 국가를 위해 진력하
고 그 결과 패전이라는 사태에 조우하면서, 과학이 계속해 군사 협력해
온 역사를 반성했었습니다. 그러나 자위대로 불리는 군대가 생겼고, 미
일안보조약에 의해 미국과의 군사동맹을 하게 됐으며, 방위예산이 국
민총생산의 1%를 넘는 상황이 되었듯이, 일본은 군사화의 역사를 걸어
왔습니다. 그래서 지금은 [안전보장]이라는 명목에서 한층 군사화를 강
화하는 노선을 계속 진행하고 있습니다. 그 과정에서 가장 눈에 띄는 것
이 우주개발로, 미사일의 통로가 되고 스파이위성이 난무하며 군무의
비밀정보가 즐비한 우주공간을 군사로 굳히려는 것입니다. 그 때문에
JAXA가 방위성에 두려고 하는 상황이 생겨났습니다. 더욱이 폭넓은 분
야의 과학을 군사에 동원하기 위해 군학공동으로 추진되기 시작했습니
다. 그 구실은 이른바 과학·기술도 군사목적에도 민생목적에도 사용할
수 있는 [군민양용(dual-use)]입니다. 로켓이 과학을 위한 인공위성을
운반하는 것과 동시에 핵무기를 탑재한 미사일을 띄울 수 있도록 우주
이용도 군민양용이며, JAXA도 예외는 아닙니다. 지금부터 JAXA를 포
함해, 진전되고 있는 군학공동의 현상을 정리하겠습니다.

JAXA와 방위성과의 협력체제

2012년 JAXA법이 [개정]되어 [평화목적에 한한다]라는 조항이 생
기면서 JAXA는 의식적으로 방위성에 한걸음 다가간 것이 아닌가 하는
기분입니다. 그 하나의 구체적인 움직임은, 2013년부터 방위성기술연

구본부와 JAXA와의 사이에서 [기술교류]를 하게 되었고, 그것이 구체적으로 방위성의 우주공간 이용에 있어 예산이 책정되었다는 점입니다.

제2차 세계대전 후, 미국은 과학자의 군사협력의 새로운 방법을 고안했습니다. 미국군 산하의 [DARPA(국방고등연구계획국)방식]으로 불리는 것입니다. DARPA에 고용되어 있는 군사개발전문 연구자는, 일상적으로는 스스로 무기 개발이나 전략 연구를 하면서, 민간(대학과 연구기관)에서 하고 있는 연구를 지켜보고, 그중에서 군사이용이 될 만한 과제가 있다면 공동연구를 통해 자금을 제공한다는 방식입니다. 그러면 기초개발단계의 연구가 줄어 비교적 낮은 가격으로 군사개발을 할 수 있을 뿐만 아니라, 민간에서 하고 있는 기초적 개발부터 군사로 전용할 수 있는 생각지도 못한 신기술을 발견할 수 있다는 것입니다. DARPA는 3,000억 엔의 예산을 갖고 있으며, 일본의 연구자에게도 소리를 내어 연계연구를 제안하고 있습니다.

이 방식을 일본에서도 실행하려고 하는 것이 방위기술연구본부에서 1,000명 가까운 연구자를 초청하고 있고 항공장비, 육상장비, 함선장비, 전자장비의 4곳의 연구소와 첨단기술추진센터를 갖고 있습니다. 2006년부터 각각의 부문에서 군사연구와 대학과 연구기간과의 연구교류를 하게 되었습니다. 마치 DARPA방식으로 민간에서 개발된 기술을 군사목적에 응용하려고 하는 것입니다. JAXA와의 기술교류는 2013년부터 시작되었습니다. 기술교류의 연구제목은, 2013년에는 [기술정보의 교환(적외선센서 기술 등)], 2014년은 [헬리콥터의 기술정보교환과 적외선 센서 등의 기술정보교환]입니다. 마치 이렇게 매년 기술교류라는 명목으로 JAXA와 방위기술연구본부와의 공동연구가 계속되는 것은 아닐까요.

이 기술교류로 주목되는 것은 [적외선 센서의 기술정보]입니다. JAXA에는 정보수집위성(선진광학위성)용으로 야간의 지상 정찰을 위해 중적외선 및 원적외선의 두 개의 밴드로 개발하고 있는 센서이며, 이것을 방위성에서는 조기경계위성에 탑재해 미사일의 발사를 탐지하기 위해 사용하려고 생각하는 듯합니다. 미사일을 발사할 때는 고온의 가스가 분사되기 때문에 이것을 조기경계위성으로 우주에서 파악하는 것을 목적으로 한다고 생각합니다. 실제로 방위성의 [우주공간에 대한 대응]의 항목에서 [JAXA와의 협력추진]으로서, [우주공간에서의 이파장적외선 센서의 실증연구]가 2014년도에서 4,800만 엔이 계상되어 2015년도에는 한 번에 48억 엔이나 증액되었습니다. JAXA에서는 본격적인 군사연구가 시작되었다고 할 수 있을 것입니다.

더욱이 또 다른 한편, 방위성과 JAXA와의 협력 추진을 들 수 있는 과제는 육역(陸域)관측기술위성인 [ALOS-2호＝다이치2호]의 화상 이용으로 2억 엔이 측정되어 있습니다. [다이치 2호]는 레이더 위성으로 지상의 지각변동을 2cm 정도로 계측할 수 있는 세계최고의 성능을 자랑하는 위성입니다. 이를 포함해 자위대의 우주정보 이용은 점점 진행되고 있고, X밴드 통신위성의 이용, 상용화상의 이용, 기상위성의 정보 이용 등 우주관련 예산이 340억 엔이나 계상되어 있습니다. 지상을 관측하는 위성의 분해능력은 발전되기 때문에 방위성은 매우 탐낼 수밖에 없습니다. 그래서 이뿐만 아니라 자신들이 바라는 특수적인 데이터를 하기 위해 JAXA와 더욱 맺어 가고 싶은 이유입니다.

우주에 관한 포괄적 미일대화

2013년부터 개시된 것이 [우주에 관한 포괄적인 미일대화]입니다. 2014년에 제2회가 열렸고, 매년 개최하게 되었습니다. 우주를 이용한 민생 및 안전보장분야에 대해 미일대화가 이루어졌고, 우주의 감시와 인공위성을 사용한 방위협력 등을 대화하는 자리입니다. 미국 측에서는 국가안전보장회의와 과학기술정책국을 선두로 해서 통령부·국무성·국방성·상무성·운수성으로 NASA가 참가하고, 일본 측에서는 외무성종합외교정책국과 내각부 우주전략실을 선두로 국가안전국·문부성·경산성·환경성·방위성·해상보안청 그리고 JAXA가 참가하고 있습니다. 이 멤버로 알고 있듯이, 우주에 관련되는 모든 항목이 논의되는 (마치[포괄적]) 장이며, 미일우주동맹으로서 의견 교환의 장이라고도 말할 수 있을 것입니다. 2012년에 JAXA의 평화조항이 없어진 것으로 2013년부터 당당히 이루어지고 있다고 추측됩니다.

예를 들어, 여기서 논의되는 것은 일본의 준천정위성을 미국의 GPS위성의 보완으로 사용하는 것이 재확인되었고, 또한 우주로부터의 기상관측의 중요성에도 언급되고 있습니다. 마치 일본의 종속을 반영하고 있다고 말할 수 있습니다. 특필된 것은 우주의 안전보장 분야의 협력에 대해 우주상황감시(SSA)정보 공유를 위해 [JAXA로부터 미국전략군에 대한 SSA정보의 제공]에 관한 결정을 확인하는 것입니다. 2013년에는 [지구를 방위하기 위한 소혹성관측 및 대응]이었지만, 2014년에는 구체적으로 [JAXA로부터의 정보제공]이라고 쓰인 것으로 의미가 있습니다. JAXA가 스페이스 가드협회와 계약해서 스페이스 데브리의 관측·기록을 하고 있지만, 그 정보를 미국군에게 제공하는 것을 약속한 것입니다. 스페이스데브리의 관측은 정찰위성정보에도 관계되기 때문에, JAXA가 방위성뿐만 아니라 미국국방총성에도 관여되고 있다고 생각해도 좋을 것입니다.

더욱이 2014년에 새롭게 제안된 것이 [우주를 이용한 해양상황감시(MDA)에 관한 협력]입니다. 우주에서의 정찰위성으로 지상의 움직임을 자세히 감시하면서 해상도 감시해 잠수함정보 등을 파악하려고 하는 것입니다. 앞에서 언급했듯이 SSA, MDA과 함께 신우주기본계획에 새롭게 작성되었으며, 우주공간의 우주 및 해상 상황을 감시하는 것이 JAXA의 새로운 미션으로 부가되었다고 생각됩니다.

군학공동의 움직임-[기술협력]

우주의 군사이용뿐만 아니라, 과학의 전 분야에서 군사협력을 촉진하려고 하는 [군학공동]의 움직임이 강해지고 있습니다. 사실 일본은 적어도 이 70년 동안 학문의 군사이용을 거부해 온 드문 국가였습니다. 아시아태평양전쟁이 끝난 후, 1949년에 설립된 일본학술회의에서는 [우리들은 지금까지 일본의 과학자가 취해 온 태도에 대해 강하게 반성하고 앞으로는 과학이 문화국가 없이는 평화국가의 기초라는 확신 아래, 일본의 평화적 부흥과 인류의 복지증진을 의해 공헌할 것을 맹세한다]고 선언했습니다. 과학이 문화와 평화를 위한 기초라는 것을 드높이 알렸습니다. 그래서 1950년 총회에서 [전쟁을 목적으로 하는 과학연구는 절대 하지 않는다], 1967년 총회에서는 [군사목적을 위한 과학연구를 하지 않는다]고 두 번이나 전쟁에 협력하지 않는다는 성명을 냈습니다. 창립선언에도 있듯이, 전시 중에 전쟁협력을 협력한 것을 부끄럽게 생각하고 또한 깊게 반성하여 군사와는 관계하지 않는다는 것을 약속한 것입니다. 미국이나 영국 등 타국에서는 군사연구를 거리낌 없이 진행하고 있는 것과 비교해, 헌법 9조와 마찬가지로 세계의 상식을 파괴하는 획기적인 결의였다고 할 수 있을 것입니다.

하지만 그것이 흔들리기 시작했습니다. JAXA는 이미 군사연구에 말려들어갔지만, 일반 과학자도 지금까지의 역사를 저버리고 군과의 협력관계를 시작하려고 합니다. 일례로서 지금까지 해 온 대학과 연구기관, 방위기술연구본부와의 [기술교류]의 일람표를 들어 보도록 하겠습니다. 대학과 연구기관에서 하고 있는 기초연구를 [방위]를 위한 기술에 응용하는 것을 목적으로 한 교류입니다. 여기에 참가하고 있는 대학과 연구기관이 방위성과의 협력관계를 구축하려고 하는 실태를 알 것 같습니다.

연도	제휴처	연구내용
2006	정보처리추진기구	정보안전분야 기술정보교환
2008	해상기술안전연구소	함선분야
2008	동경소방청	소프트웨어 무전기를 사용한 중계
2010	동경공대	공기압 계측제어 기술정보 교환
2011	동양대학	풍랑의 조사 등
2012	요코하마국립대학교	무인소형 이동체의 제어 알고리즘 구축 등
	게이오기주쿠대학	압축성을 고려한 캐비테이션[Cavotaton]구축 등 데이터 취득 및 수치해석기술 구축
2013	이화학연구소	중적외전자파장 가변레이저에 의한 원격 검사
	JAXA	기술정보교환[적외선센서 기술 등]
	큐슈대학	폭약검지기술
	수산공학연구소	수중음향신호 처리기술

2014	테이쿄우헤이세이대학	폭약검지기술
	치바공대	3차원 지도구축 기술 및 과혹한 환경하에서의 이동체기술(로봇기술분야)
	정보통신연구기구	고분해능력영상레이더(합성개구레이더)에 관한 기술정보교환 등 기술정보교환 등 사이버시큐리티 및 레트워크 가상화에 관한 기술정보교환 등
	해양연구개발기구	자율형 수중무인탐사기분야 무인항해체 및 수중음향분야
	JAXA	헬리콥터의 기술정보교환 적외선센서의 기술정보교환
	치바대학	엔진시뮬레이션 기술
	전력중앙연구소 및 동경공대	원격 · 비접촉계측기술

주목할 것은 최초의 7년 동안 7건밖에 없었는데, 2013년에는 4건으로 늘어났고, 2014년도에는 한 번에 7건이 증가한 것입니다. 대학과 연구기관이 방위성과의 공동연구로 인지하는 것을 늘려간 것인지 아니면 방위기술연구본부가 군사 응용이 가능한 테마로 대학과 연구기관에 적극적으로 압력을 가한 것인지 알 수 없지만, 증가경향이 현저하다는 점에서 군학공동이 연구현장에 투입되어 있는 것은 확실합니다. 여기서 제시했던 기술교류의 제목을 보면 과학 전 분야에 걸쳐 있으며, 확실히 군사전용이 가능한 테마라고 알 수 있습니다.

듀얼유즈(Dual-use)문제

이처럼 민생이용에서 개발된 것이어도, 군사이용을 하는 것은 가능합니다. [어느 쪽인가]가 아니라 [어느 쪽이어도] 동등하게 사용할 수 있다는 것입니다. 이것을 [듀얼유즈(Dual–use)](양의성)라고 합니다. 우주에서 말하면 로켓은 과학연구를 위한 인공위성을 쏘아 올리고, 적을 공격하는 미사일을 발사할 수 있으며, 지구과학위성은 환경변화의 관측이 가능하고, 스파이로서 적의 동향도 감시할 수 있다, 얼마든지 듀얼유즈의 예를 들 수 있을 것입니다. 마치 우주 분야에서는 어떤 테마도 듀얼유즈라고 말하는지도 모릅니다. 차라리 다른 분야에서도 민생연구를 군사전용으로 한다고 생각하면 그것이 가능합니다. 이러한 것이 심각한 문제를 주고 있습니다.

그러한 것은 2013년 12월의 각의 결정된 [평성 26년도(2014년도)방위대망]에서 듀얼유즈에 대해 정확히 언급했습니다. 여기에서는 [대학 등과의 기초연구와 제휴의 충실함으로 방위에도 응용 가능한 민생기술(듀얼유즈기술)의 적극적인 활용에 임한다]고 쓰여 있습니다. 그래서 그것을 구체적으로 전개하는 시작으로, 방위성이 적극적으로 민생기술과의 공동연구 전용 창구인 [기술관리반]을 새롭게 설치했습니다. 더욱이 2015년도 예산에서는 이것을 방위조달청으로 승격시켰습니다. 마치 방위성은 본격적으로 민생기술의 군사화를 진행하는 DARPA방식을 추진한다는 의미입니다. 실제로 이를 돕는 것처럼 2014년 5월에 종합과학기술·이노베이션 회의가 [혁신적 연구개발 추진프로그램(IMPCT)]를 발족시켰지만, 그 모집요항에 [DARPA방식을 참고로 한다]고 쓰여 있습니다. 이 프로그램에서 선발된 프로젝트는 모두 군사전용이 가능한 과제뿐이며, 2~3년 후에는 여기서 방위성이 본격적으로 군사이용을 하는 테마가 될 거라고 생각합니다. 앞으로 군사연구로 발전시키는 과제에 예산을 붙여 확보해 갈 것이라는 속셈일 것입니다.

또 다른 하나의 방위성에 의한 과학자의 군사로 끌어들이는 작전은,

[안전보장기술연구추진제도]로 불리는 경쟁적 자금을 준비하고 있다는 것입니다. 2014년 8월 2015년도 예산의 개산요구로서 [방위장비품의 적용 면에서 착목된 대학, 독립행정법인과 기업에 관한 독창적인 연구를 발굴하고, (생략) 외부의 연구자 등에 직접 연구를 위탁하는 제도]를 제안했습니다. 실제로 2015년도 예산으로서 3억 엔이 인정되면서 연구기관과 기업으로부터의 기술적 제안을 모집하게 되었습니다. 현재 국립대학에서는 일반운영비 교부금(대학에 배분된 용도가 자유로운 국비)이 계속해서 삭감되고 있고, 자유롭게 사용할 수 있는 연구비가 부족합니다. 그 때문에 대학 교수는 경쟁적인 자금이라고 불리는 돈에 의지하지 않고, 엄격한 경쟁적 환경에 놓여 있다는 것이 실정입니다. 이러한 사정이 있기 때문에 예를 들어 방위성으로부터의 자금이라면 손을 내미는 연구자가 증가하고 있는 것은 아닌지 걱정이 됩니다. JAXA의 경우는 우주의 안전보장상의 중요성에서 유무를 말하지 않고 군사화가 진행되고 있지만, 다른 분야에서는 경쟁적인 자금이라는 형태로 연구자를 잡는 것은 아닌가라고 말할 수 있을 것입니다. 그리고 그 구실이 역시 듀얼유즈입니다.

요컨대 과학의 성과는 어떤 분야여도 듀얼유즈로 민생이용도 군사이용도 할 수 있기 때문에 결국 사용 방법의 문제가 있습니다. 그러면 제작하는 입장의 과학자가 이것저것 논의해도 방법이 없다, 사용하는 쪽의 책임이 없기 때문에라는 변명이 갖추어지게 됩니다. 혹은 자신은 기초연구를 하지 않는다, 그 노하우를 방위성에게 제공하는 것뿐으로 직접 군사이용을 하지 않기 때문에 문제는 없다라고 이야기할지도 모릅니다. 듀얼유즈인 것을 이유로 자신이 무죄라고 주장하는 것입니다. 실제로 그렇게 이야기한다면 형식적으로는 죄를 물을 일은 없습니다.

학문의 자유가 있고, 군사연구를 하는 자유도 있기 때문입니다. 그러나 그대로 인정해도 괜찮은 것일까요.

우선 생각하지 않으면 안 되는 것은 과학자의 사회적인 책임입니다. 과학자는 어떠한 공적 원조를 받아 자유롭게 연구를 하는 권리가 보증되어 있습니다. 국립대학의 경우, 교수라면 국가로부터 급여를 받고, 학생·원생이라면 국가의 비용으로 교육·연구시설이 제공되어 실험기기를 구입할 수 있으며, 연구자금은 국가로부터 제공되고 있습니다. 사립대학이어도 국가로부터의 대학에 사학우보조가 있어 국가의 경쟁자금이 연구비로 되어 있습니다. 결국 회사는 과학자에게 연구를 하라고 하는 권리와 자치권(연구의 자유)을 보증하고 있게 됩니다. 이에 대해 과학자는 회사와의 사이에서 성실히 교육·연구를 해야 할 의무와 함께, 과학자라면 가능한 한 역할을 다하고 공중의 복리에 기여한다는 암묵의 약속이 맺어져 있습니다. 이 약속이 성실히 수행되고 있는 것이 과학이 사회로부터 신뢰받는 기본조건입니다.

그 과학자로서 가능한 중요한 요소가 과학자는 과학·기술에 관련된 많은 지식을 갖고 있고, 그 사용방법과 영향에 선견적인 의견을 말할 수 있는 점에서 일반인에게는 없는 지견을 갖고 있습니다. 그 점을 살려 과학의 사용방법에 대해 사회에 조언하는 것이 가능한 것입니다(주의해야 할 점은 [조언]이라고 해서 과학자가 결정하는 것은 아닙니다). 나는 그 조언을 한다 혹은 의견을 말하는 것이야 말로 과학자로서 사회적인 책임이라고 생각합니다. 그래서 그와 같은 조언을 통해, 과학의 성과가 사람들의 행복으로 이어지기 위해서 사용되어, 결코 살상이 아니라는 과학의 원점이 사람들과 공유될 수 있는 것이 아닐까요. 그 생각이 과학의 신뢰감을 지속하게 합니다.

아마 사람들은 과학이 군사를 위해 사용되는 것에는 위화감을 갖고, 그와 같은 활동에 종사하는 과학자를 신용할 수 없게 되는 것일 것입니다. 때문에 과학자는 듀얼유즈가 당연하다고 해서 방치하지 말고, 스스로가 만들어 낸 과학의 성과가 전쟁의 도구로 되는 것에 반성하는, 그것이 과학자의 사회적 책임이라고 생각합니다. 더구나 군으로부터 자금을 받아 연구하는 것은 단호히 거부하는 그와 같은 과학자를 희망합니다.

동경대학의 움직임

때마침 2014년 12월에 동경대학정보이공학계 연구소가 [과학연구 가이드라인]을 개정해 문제가 되었습니다. 이전의 가이드라인에서는 [동경대학에서는 제2차 세계대전 및 그 이전의 불행한 역사를 감안해, 일절 예외 없이 군사연구를 금지하고 있습니다]라고 쓰여 있었지만, 그것을 삭제했습니다. 그 대신에 [학문의 양의성]이라는 항목을 넣어 우선 [성과가 비공개가 되는 기밀성 높은 군사를 목적으로 하는 연구는 하지 않습니다]라고 했으며, 이에 부과하여 [많은 연구에는 군사이용·평화이용의 양의성이 있습니다. 대학에서는 각각의 연구자 판단을 바탕으로 학문연구의 양의성을 의식하면서, 각각의 연구를 진행하는 것을 방침으로 합니다]라는 문장이 첨가되었습니다. 이를 어떻게 받아들이면 좋을까요.

최초의 문장은 읽는 관점에 따라서 군사를 목적으로 하는 연구여도 공개할 수 있다면 가능하다고 해석할 수 있습니다. 그래서 원래 군사연구는 공개할 수 없는 것이기 때문에 이 조문이 있다면 군사연구를 금지한 것과 동등하다고 말할지도 모릅니다. 그러나 처음에는 공개였는데, 그 사이 점점 비공개인 비밀취급이 되는 경우가 있으며, 그 연구에 심각하게 제약으로부터 벗어날 수 없게 되는 것입니다. 혹은 비밀로 하는 것 자체를 비밀로 한다는 점에서 마치 공개되고 있는 듯이 어물거리며 넘기는 일도 일어날 수 있습니다. 특정비밀보호법에 의해 비밀 지정된 사항의 내용을 밝히면 기밀누설죄로 체포되는 점을 잊어서는 안 됩니다. 연구자의 의도와는 관계없이 연구가 비밀이 되어도 공동연구를 계속하지 않으면 안 됩니다. 이러한 애매한 조항이 아닌 군사목적 연구는 일절 하지 않아야 한다고 명시해야만 합니다.

이전에 언급한 양의성에 대한 문장에서는 마치 양의성을 이것저것 논의해도 방법이 없다, 각각의 연구자의 판단으로 처리하자고 말하는 데 지나지 않습니다. 각각의 연구자의 판단에 맡기는 것은 연구과로서는 관여하지 않는다, 마음대로 알아서 판단해도 좋다라는 것입니다. 역시 여기서는 [과학자의 사회적 책임을 자각해 항상 논의]할 것, 그리고 [우리들은 양의성의 어느 것을 선택할 것인가]를 명확히 표명할 필요가 있을 것입니다. 연구과의 의식 문제이기 때문입니다.

이 정보이공학계 연구과의 가이드라인개정이 돌연 신문에 [동경대 군사연구를 해금]이라고 오해를 불러일으킬 만한 보도가 나왔기 때문에, 2015년 1월 16일에 동경대 총장이 [동경대학에 관한 군사연구의 금지]에 대해서 의견을 표명했습니다. 그때 [학술에 관한 군사연구의 금지는 (중략) 동경대학의 평의회에서의 총장발언을 통해 지속해 왔다. 그 이유는 [세계의 공공성에 봉사하는 대학]이라는 것을 목표로 동경대학 헌장에 의해서도 뒷받침된다]라고 해서 군사목적의 연구 금지를 재확인하는 것은 분명합니다. 그러나 [학문연구는 그 취급방법에 따라 평화목적에도 군사목적에도 이용될 가능성(양의성: 듀얼유즈)이 본질적으로 존재한다]고 했고, [연구성과의 공개성이 대학의 학술 근간을 이루는 것을 고려하면서, 구체적인 개개인의 입장에서의 적절한 듀얼유즈의 형상을 정중히 논의해 대응해 가는 것이 필요하다고 생각합니다]라고 언급했습니다. 기밀성이 군사적 연구의 근간이라는 것은 분명하며, 공개성이 대학 학술의 근간이라면, 여기에서는 공개성에 저촉될 가능성이 있는 군사연구는 일절 금지한다고 분명히 말할 필요는 없었다고 생각합니다. 그렇지 않고, 듀얼유즈에 대한 논의가 필요함으로써 다음 논의에서는 군사연구도 부득이하게 포함해야 한다는 것을 두고 있는 것은 아닌지 의문이 들었습니다. 동경대로서 군사연구 무언가에 일절 종사하지 않고, 사람들의 행복을 위한 연구에 매진한다고 당당히 선언할 수 없는 이유가 있는 것은 아닐까요.

다른 한 가지 언급해 두고 싶은 것이 있습니다. 대학이 군사연구의 금지를 선언하는 것은 제멋대로이며, 대학에는 학문의 자유가 있기 때문에 개개인의 구성원은 그에 속박되지 않아야 한다는 의견이 있습니다. 국가에 종속되는 논의가 대학을 지배한다고 해도 그에 반대해서 국가를 비판할 자유가 있는 것과 마찬가지로, 대학이 군사연구에 반대해도 이에 반대해 군사연구를 하지 않을 자유도 있다는 논리입니다. 얼핏 봐도 보이는 의견입니다만, 잘 생각해 볼 필요가 있습니다.

일반적으로 권력을 갖는 측이 강한 입장이며 그것을 비판하는 측은 약한 입장이 되어, 자칫하면 강자가 약자를 권력이나 권위로 침묵시키는 일이 많다는 것입니다. 그렇기 때문에 국가를 비판하는 듯한 의견을 표명하는 대학의 사람들에게는 학문의 자유가 특히 중대하다고 인식되어 왔습니다. 정치적으로 약한 입장이기 때문에 오히려 자유를 보증하지 않으면 안 되기 때문입니다. 군사연구에 관해서는, 군과 연관되는 편이 강자가 됩니다. 군은 자금도 권력도 정치적인 보증도 얻기 때문입니다. 때문에 원래 강자는 일부러 여분의 자유를 부여하는 것은 없다고 해도 상관없는 것이 아닐까요. 군이나 국가에 맞춘 연구를 하고 싶다면 대학에 고집하지 말고, 이를 하기 쉬운 곳으로 옮기면 됩니다. 대학은 차세대를 맡는 젊은 학생의 배움의 장소이며, 여기에는 권력이나 군의 영향은 배제되어야만 합니다. 대학은 비교적 지성을 키우는 장소이기 때문입니다.

다른 한 가지 논의해 봐야 할 점은 [자유]의 의미입니다. 이것은 어디에서도 아무렇지 않게 사용할 수 있었던 것은 과거의 일로, 정해진 전제조건에서 자유는 성립되는 것이며 무조건적인 절대자유는 존재하지 않는다는 것이 지금의 상식입니다. 절도 있는 자유, 혹은 자유에는 책임이 동반된다고 해도 좋을 것입니다. 그 생각에 의하면 군사연구를 하는 자유에도 책임이 따르고, 이것을 과학자로서 어떻게 다할 것인지 질문을 던지게 됩니다. 더욱이 군사연구를 하는 자유를 주장하면, 이에 뒤따르는 피해나 해악에 대해서 자신은 어떻게 책임을 취할 것인지를 생각해 대응하지 않으면 안 됩니다. 이를 제외하고 자유만을 주장하는 것은 무책임함의 끝이라고 할 수 있습니다.

필요한 것은 과학의 양의성과 연구의 자유에 대해 절대 논의하고, 그 내용을 보기 좋게 하는 것이 아닐까요. 몇 개의 대학에서 제정되어 있는 대학헌장과 평화헌장 등으로 선언된 군사연구의 금지는 [원칙]이며, 대학으로서 벌칙규정까지 제정된 [규칙]은 아닙니다. 즉, 양심선언과 같은 것으로 윤리규범에 속하는 것입니다. 때문에 개개인의 마음가짐에 의존하고 있고 윤리위반을 해도 벌을 받지 않습니다. 그러나 그렇고 해도 전혀 무시해도 좋은 것이 아니고, 서로 존중해 가는 것을 통해 대학으로서의 일체감이 양성되는 것입니다. 깨뜨리는 것은 간단하지만 양심의 가책을 느끼지 않으면 안 될 것입니다. 이러한 감각을 [판단]이 라고 하며, 사람들은 서로 판단을 갖고 있다고 믿으며 살아가고 있다고 생각합니다. 적어도 대학은 [지(知)의 공동체]이기 때문에, 양식(良識) 이 지성에 뒷받침되어 인격이 된다라는 인간의 집단입니다. 그렇기 때 문에 윤리규범을 존중하고 준수하는 것이 보통이 되어야만 하지 않을 까요.

ISAS의 미래

JAXA의 화제에서 조금 떨어지지만, 우주는 금방이라도 전쟁터가 될 수 있는 공간의 연구기관인 JAXA 내부에서는 이와 같은 과학의 양 면성과 연구의 자유라는 것이 논의되지 않은 것 같습니다. 특히 로켓개 발은 군사연구와 직결되며, 新우주기본계획에 포함되는 위성계획이 진행된다면 예산규모에서도 군사목적이 70% 이상 차지할 것입니다. 이렇게 군사를 제외하면 마치 연구소가 성립되지 않는 상태가 되기 때 문입니다.

그중에서 연구 자유가 어떻게든 보증되고 있는 곳이 ISAS(우주과학 연구소)입니다. ISAS는 JAXA의 일부입니다만, 우주과학의 연구를 추진 하는 기관으로서 JAXA 내부에서도 상대적으로 독립성을 갖고 있습니 다. 그 이유는 원래 동경대의 연구소에서 출발해 일본 로켓연구를 선진 적으로 맡아 온 전통이 있어 경솔하게 다룰 수 없다는 점, 그동안 계속 해서 평화이용에 철저히 우주과학의 중심이 되어 온 점, 전국 공동이용기관이라는 모습을 통해 관리형(Bottom-up) 연구스타일을 키워 왔다는 점 등을 들 수 있습니다. 연구자의 의견을 들으면서 학문을 진행하는 전통은 쉽게 무너지지 않는 것입니다. 세계를 리드하는 다수의 우수실적에 대해 한 업적이 있고, 그 확고한 실적에 대해 불평을 붙이면 안 될 것입니다.

이와 같은 ISAS의 훌륭한 과거가 JAXA 내부에서 상대적으로 독립성을 보증하고 있는 것은 사실이지만, 우주개발의 미래에 대해 ISAS의 특별한 역할이 기대되는 것도 지적해 두지 않으면 안 됩니다. [우주개발의 홍보탑]의 역할입니다.

미국은 공군도 해군도 육군도 각각의 독자적인 로켓을 개발하고 있으며, 막대한 군사예산을 우주개발을 위해 쓰고 있습니다. 그래서 군산복합체로 불리는 군수산업이 국가의 정치를 좌우할 정도의 힘을 갖고 있다는 것은 알고 계십니까. 그러나 우주의 군사화는 대부분 알려져 있지 않고, 우리가 알고 있는 것은 NASA가 주도하는 우주탐사 사업뿐입니다. 즉, 미국에서는 NASA가 [우주개발의 홍보탑]의 역할을 맡고 있으며 우주의 군사이용을 감추고 있는 것입니다. 사람들의 눈은 NASA가 발표한 우주탐사의 화제에 집중하고, 그 10배 이상의 예산을 사용한 우주의 군사이용은 표로 나타나지 않도록 되어 있습니다.

이와 마찬가지로 ISAS도 우주과학으로 사람들의 관심을 끌어, JAXA 전반의 군사와의 관련을 가리는 역할을 한다고 생각합니다. 특정 비밀보호법이 실시하게 되었고, 아마 앞으로는 정보수집위성에 관한 정보(예산규모와 발사예정)는 한층 은닉되며, 그 외의 위성계획도 부분적으로만 개시될 것입니다. 예를 들어 준천정위성에서는 GPS기능이 향상되었다는 것만이 선전되고, 메인인 자위대에 의한 사용에 대해서는 어느 정도인지 등 일절 확실히 밝히지 않을 것이라 생각합니다. 다만 ISAS의 과학위성의 활약만이 JAXA의 주요 활동처럼 선전됩니다. 어쩐지 공허하지만, 현상대로라면 그렇게 될 추세는 인정해야 할 것입니다.

우리들이 우선 할 수 있는 것은 좀 더 과학위성을 발사하도록 우주개발전략본부에 압력을 가하는 것일 겁니다. 과학위성은 통상 [중형계획]으로 新우주기본계획에서는 H−2A급 로켓으로 10년에 3기라고 되어 있습니다. 하지만 중형계획에서는 발사비용이 100억 엔 이하로 줄었기 때문에 기존의 예산규모대로라면 좀 더 발사가 가능할 것입니다. 우주과학의 연구에서는 X선위성, 적외선위성, 전파위성과 다른 파장으로 우주 전체를 관측하는 인공위성, 자기권과 태양·화성·금성 등 목표 밖의 천체관측위성, 위치천문학과 소혹성탐사기 등의 특수임무의 위성 등 여러 분야에서의 과학위성이 매우 필요하며, 측위가 어렵습니다. 이러한 요구를 만족시키기 위해 입실론로켓이 개발되었지만, 역시 우주과학의 예산이 축소되었다는 것은 말할 필요도 없을 것입니다. 정보수집위성에 거금의 돈을 사용할 것이 아니라 과학을 위해 투자해야 한다고 생각합니다.

결국 ISAS가 우주개발홍보탑으로써 살아남을 것을 확실하지만, 우리들은 그것에만 주목하지 말고, 군사협력을 포함해 JAXA 전반의 동향을 확실히 지켜보고 비판할 필요가 있다고 생각합니다. JAXA가 군사기술의 하청에만 안주한다면 매우 슬프고, 조금이라도 과학의 발전을 위해 노력하는 기관이 되었으면 합니다.

우주개발은 평화를 위해

이 책을 끝내기 전에 지금까지 빠뜨린 점을 덧붙여 보겠습니다.

UN의 활동

우선 우주공간의 이용에 관해 UN이 취해 온 활동을 써보겠습니다. 소련이 인공위성을 세계 최초로 성공시킨 것은 1957년 10월이었습니다. 그 직전인 8월에 소련은 대륙간탄도탄을 성공시켰고, 미사일과 인공위성이 거의 동시에 출발했다고 할 수 있습니다. 미국의 인공위성은 1958년 1월로 드디어 우주를 무대로 한 냉전이 시작되었습니다. 이 우주개발경쟁의 배경에 국제학술연합(ICSU)가 제창한 1957~1958년의 국제지구년이 있고, 오로라·우주선·전리층·기상·태양활동 등 지구의 자기적인 영향을 조사하는 활동이 있었다는 것을 알아두어야 합니다. 과학이 평화적인 우주개발을 촉구한 것입니다.

여기서 우주개발이 본격화되기 전에 우주공간의 이용에 대해 체결해 두지 않으면 안 된다는 의견이 고조되었습니다. 16세기의 대항해시대, 앞선 자가 승자로 무질서하게 신대륙의 영유권을 주장하면서 식민지로 삼았고, 이의 영향으로 세계의 평화를 저해하는 원인이 된 것을 생각했을지도 모릅니다. 빨라도 1958년의 UN총회에서 우주이용에 대해 이야기가 나왔습니다.

그 결과 1959년에 [우주공간의 평화적인 이용에 관한 국제적인 협력]이 총회에서 결의되었고, 동시에 UN우주공간 평화이용위원회를 상설기관으로서 설립하게 되었습니다. 이 결의는 일반적으로 우주의 평화이용을 제안하기 때문에, 이른바 정신적인 신념이었습니다. 그래서 이 위원회에 대해 [우주공간의 연구에 대한 원조, 정보의 교환, 우주공간의 평화이용을 위한 실질적 방법 및 법률문제의 검토를 하고 이러한 활동보고를 UN총회에 제출한다]는 임무가 정해졌습니다. 실제 이 위원회가 중심이 되어 1963년에 [우주공간의 탐사와 이용에 관한 국가 활동을 규정하는 법원측에 관한 선언]을 결의했고, 우주공간의 평화이용과 어떠한 국가도 우주를 영유하지 않을 것을 언급했습니다.

그러나 핵무기를 탑재한 대륙간탄도미사일이 동서의 대국에 배치되어, 어느 국가에서도 사정권 내에 들어가 공격하고 공격을 받는 사태가 초래되었습니다. 더욱이 미사일이 우주공간을 상시 통과하는 궤도에 진입하면서 정찰위성이 우주공간에 다수 운용하게 되었습니다. 그 때문에 우주공간의 이용에 관해 어떠한 제한을 하지 않으면 안 된다는 의견을 강하게 주장하게 되었습니다. 우주공간을 핵무기가 날아다니고 미사일을 탑재한 위성이 운항하게 된다면 핵전쟁과 핵 사고에 의해 지구와 인류를 파멸시키는 위험성이 현실화되었기 때문입니다.

그 때문에 우주공간의 평화이용을 보장하기 위한 국제조약을 정할 필요성이 인식되어, 여기서 체결된 것이 [달과 그 밖의 천체를 포함한 우주공간의 탐사 및 이용에 관한 국가 활동을 결정하는 원칙 관한 조약]으로, 통상 [우주조약]이라고 부르고 있습니다. 1966년(발효는 1967년)의 일입니다. 이후 우주개발은 현격히 진행되었지만 이 조약은 전혀 개정되지 않고 지금에 이르게 되었습니다. 그 의미에서는 시대에 뒤처진 부분이 많이 있지만, 우주공간평화이용위원회에서는 각국의 이해가 대립되어 개정의견이 전혀 없었고, 그대로 오게 된 이유입니다.

이 조약의 주된 내용은 다음과 같습니다.

(1) 천체를 포함한 우주공간의 탐사 및 이용은 전 인류가 자유롭게 사용할 수 있다.

(2) 천체를 포함한 우주공간에 대해서는 어느 국가도 영유권을 주장할 수 없다.

(3) 핵무기 및 대량파괴무기를 지구를 둘러싼 궤도에 올리지 않고, 천체에 설치하지 않으며, 우주공간에 배치는 하지 않는다. 천체 상에 대해서는 군사기지, 군사시설 및 방비시설의 설치, 무기 실험과 함께 군사연습을 금지한다.

(4) 우주에 관한 자국의 활동은 국제적 책임을 진다(여기에는 자국의 영역과 시설에서 발사된 물체도 포함된다).

의외로 내용이 간단명료해서 이것이 우주이용의 기준을 정한 조약인지 놀랐을지도 모릅니다. 아마 국가마다 멋대로 주장을 하게 때문에 백가쟁명이 될 것이고 위와 같이 최소한의 틀만 의견이 모아졌을 것이라고 생각합니다. (1)에서는 모두가 우주를 이용할 수 있다는 것, (2)에서는 영토로 주장할 수 없다는 것, (3)의 항목에서 천체에 대한 군사 활동을 금지하고 대량파괴무기(직접적으로는 핵무기를 말하며 미사일위성은 포함하지 않는다)를 지구궤도와 천체에 배치할 수 없다는 것이며, 달 등의 천체에서는 일절 군사 활동을 할 수 없다는 것뿐입니다.

특히 문제인 것은, 우주공간을 군사이용의 장소로 하는 것에 대해 대부분 다루고 있지 않은 점입니다. 예를 들어 대륙간탄도미사일은 우주공간을 통과하지만, 상시 통과하는 것은 아니기 때문에 조약대상의 예외가 됩니다. 또한 평화이용의 의미를 [비침략]이라고 정의하고 있기 때문에 통상 무기를 우주공간에 배치해도 상관이 없게 됩니다. 통상 무기는 방어적으로 침략을 위한 무기가 아니라는 것입니다. 1959년에 성립(발효는 1961년)된 남극조약에서는 명확히 [군사적 이용의 금지]라는 단어가 사용되었지만, 여기서는 [평화적 목적에 한정한다]는 것만의 문언이었기 때문에, [방위목적], [비침략]으로 해석하면 우주공간의 군비도 허용되는 것입니다. 즉, 남극조약에서는 핵폭발과 방사성폐기물의 처분 금지도 규정하고 있습니다. 그런데 우주조약에서는 어떨까요. 의미(정의)의 해석만 바꾸면 어떻게도 다른 확대해석도 가능하기 때문에 안심할 수 없습니다.

이러한 것은 천체의 영유에 대해 국가만을 금지하고 있어, 개인의 소유는 금지하고 있지 않다는 해석이 나왔습니다. 조약이나 법률의 이해 방법이 어렵기 때문에, 명확히 금지사항으로 명시하지 않으면 해당하지 않는다, 혹은 허용되지 않는 듯합니다. 그렇기 때문에 1979년에 [달 그 이외의 천체에 관한 국가 활동을 정하는 협정(약칭 [달협정])]이 UN총회에서 채택되었습니다. 여기에는 [달을 평화적 목적으로만 이용하기로 했고, 대량파괴무기의 궤도진입·설치의 금지]를 제안하는 것과 함께, 일부러 [달의 표면과 지하, 천연자원은 어떤 국가·기관·단체·개인에게도 소유되지 않는다]고 규정하고 있습니다. 1984년에 발효되었지만, 대부분의 체약국은 우주개발을 하지 않는 국가뿐이고 유인비행을 하고 있는 국가는 체약하고 있지 않은 점도 있어, 이 협정은 영향력을 갖고 있지 않습니다. 그래서인지 달과 화성의 토지 소유권을 마음대로 주장하고 토지판매를 하는 회사조차 없습니다. 매우 기묘한 일입니다.

군수산업의 문제

[군수복합체(Military – industrial complex)]는 1961년의 아이젠하워 대통령이 이임될 때의 연설에서 사용한 단어로, 군은 군수산업의 발전에 의해 군사력을 증강시키고, 산업계는 군수로 인해 경제적 이득을 얻는다, 그리고 정부기관(관료)이 쌍방을 부드럽게 우대조치를 취한다고 하는 3자가 서로 사용할 수 있는 관계로 깊이 맺은 군과 산업계와 관료의 결합체를 뜻합니다. 이것이 정부나 의회의 정치적 · 경제적 · 군사적 문제에 큰 영향력을 행사하고, 미국의 자유와 민생주의에 위험을 초래하고 있다고 경고한 것이 아이젠하워의 연설이었습니다. 결국 [산관군 연계]이라고 말해야만 할까요.

군산복합체는 본인들의 경제적 이익을 위해서 항상 전쟁 혹은 전쟁의 위험을 초래하고, 안전에 대한 공포(적의 미사일이 국가의 위를 도는 미사일 갭의 선언과 적의 군대 배치상황 등)를 날조하면서 국민을 선동해 국가의 예산을 군사를 위해 사용할 수 있도록 여론과 의회를 유도하고 있습니다. 전쟁이 일어나지 않는다고 군수품의 조달은 줄고, 전쟁의 위기를 부추기지 않으면 군사비용이 변경되지 않을 것이며, 안전에 대한 공포가 없다면 군사시설은 폐쇄될 것입니다. 평화롭게 된다면 군사비가 삭감되어 군수산업이 진행되지 않기 때문에, 군산복합체에 있어서는 항상 전쟁상태로 있는 것을 바랄 것입니다. 그런 의미에서 군산복합체는 항상 전쟁을 요구해 자신만의 움직임을 유지하고 있는 존재라고 할 수 있습니다.

2008년 일본에서 우주기본법이 개정되어 국가의 안전보장을 위한 우주정책이 만들어졌고, 2012년에 JAXA법이 [개정]되어 군수산업이 일본의 이익을 위해 당당하게 활동하는 것이 인정되었습니다. 물론 이미 2003년부터 정보수집위성이 발사되었고, 군사목적을 위한 우주개발이 시작된 것은 사실입니다. 우주산업은 정치와 결탁해 군수를 이끌고 군사기밀이라는 이유로 과분한 이익을 얻는 구조를 만들어 내어 군수산업으로서 성립되기 시작했습니다. 더욱이 법률로 우주의 군사이용이 해금되었기 때문에 군산복합체로 유지되고 있다고 말할 수 있을 것입니다. 일본의 군수기업으로서 미츠비시중공업, 미츠비시전기, 카와사키중공업, 일본전기, IHI(이시카와지마하리마중공업) 등이 잘 알려져 있고, 총액으로 4조 엔 가까이나 수주하고 있습니다. 이러한 기업에서는, 전차와 잠수함 등 통상무기 외에 로켓, 인공위성, 전투기, 지대공미사일, 수송헬리콥터 등 우주에 관한 무기도 많이 제작하며, 이제는 우주항공산업이 아닌 [우주무기산업]이라고 말할 수 있습니다.

더욱이 향후에는 이러한 군수산업이 실제로 군산복합체로 성장해 일본의 정치·경제에 영향을 줄 것이라고 예상됩니다. 일본은 이미 세계 제4위의 방위예산이 되었으며, 지금까지도 미사일방위망으로의 참가, 특정비밀보호법의 제정, 무기수출 3원칙에서 방위장비3원칙으로의 변경, 집단적 자위권의 행사결정 등, 산군과의 결탁으로 진행되어 온 정책이 몇 가지 있습니다. 그래서 이에 편승되어 방위예산이 증액되어 군수산업에 큰 이익을 받아, 관료는 높은 자리로 군수산업에 고용되어 정치가에 영향을 주고 정치가는 방위예산을 증가하는 순환이 성립되었다고 생각됩니다. 원자력발전 문제에서 [원자력램]이라는 말이 유행했습니다만, [우주램]이 되어 서로 기대어 가는 관계가 되어 가는 것입니다.

더욱이 미국에서는 최근 [군산학복합체]라고 불리게 된 듯합니다. 대학이나 연구기관으로 연구자금이 출자원으로서 군부가 크기 비율을 차지하게 되었고, 군사복합체의 액터로(대학·연구기관·두뇌집단 등) 대학이 더해지게 되었기 때문입니다. 일본에서도 방위성의 경쟁적 자금제도가 만들어져 방위기술연구본부와의 기술교류도 활발해지고 군산학의 연계가 강해질 가능성이 있습니다. 특히 우주관견에서는 통신(사이버안보), 원격조작(로봇 인공지능), 전자파탐지, 레이더탐지, 로봇슈트, 수중무인탐사 등 연구개발항목이 많아졌고, 학(学)의 의존은 높아졌다고 생각합니다. 연구자들에게는 [자신은 군사에 일절 협력하지 않는다]는 높은 견해와 연구자로서의 긍지를 가졌으면 좋겠다고 생각합니다.

마지막으로

인류의 넓은 하늘 그리고 우주에 대한 동경은 먼 옛날부터 하늘을 날고 싶다는 바람, 때로는 목숨을 잃어 가면서 구체적인 방법을 모색해 왔습니다. 그 결과 열기구나 비행선, 그리고 비행기를 발명해 하늘로 나아갈 수 있게 되었습니다. 그렇듯 바로 비행기를 무기로 이용하고 상공에서 군사공격을 하게 되었습니다. 뿐만 아니라 로켓을 발명해, 우주공간으로 인류가 진출하는 것과 동시에 인공위성이나 먼 혹성으로까지 탐사기를 보내, 우주의 모습을 객관적으로 눈에 담을 수 있게 되었습니다. 인류는 자신들이 살고 있는 지구를 외부에서 관찰한다는, 스스로가 보는 완전 새로운 관점을 갖게 되었습니다. 한편 그 로켓 기술은 미사일을 발사해 적을 공격하는 것이 목적으로 개발된 것이며, 우주의 군사이용과는 뗄 수 없는 관계입니다. 따라서 우주의 평화이용은 무리한 것으로 마치 공론(空論)처럼 보이지만, 일본에서는 오랫동안 평화이용을 철저히 지켜 온 것을 잊어서는 안 됩니다. 여기서 사용하는 [평화]는 비군사라는 의미이며, 이것이야말로 평화의 진짜 의미라고 생각하고 있습니다.

　그러나 일본에 있어 전후 민주주의를 부정하는 움직임이 나와, 애써 평화국가로서 쌓아 온 민주적제도와 전통·소산물을 부정하고 군사화 노선을 밟으며 지금에 이르렀습니다. 우주의 평화이용도 예외는 아니고, 지금까지 써 왔듯이 지금 우주의 군사이용을 공공연하게 하는 상황이 된 것은 부정할 수 없습니다.

　이 상황을 반전시키는 것은, 우주에만 그치지 않고 생활과 교육, 사회제도와 경제활동 등 여러 면에 걸쳐 있는 반동적인 정치상황을 은폐해서는 안 된다고 생각합니다. 이를 제외하고 우주를 되돌리지 못할 것입니다. 그러기 위해서 우리들은 [우주개발은 평화를 위해]라고 계속해서 언급하는 것은 아닐까요.

　본 저서는 우주에 도전한 인류의 역사를 되짚어 보면서, 현재 일본의 우주개발이 어떤 상황인지에 관해 정리했습니다. 비관적인 말뿐인 듯하지만, 이 흐름을 바꾸는 것은 결국 우리들 한 사람 한 사람의 평화를 바라는 마음입니다. 이를 잊지 않고, 우주에 관한 희망을 계속해서 가지면 좋겠습니다.

저자 약력

이케우치 사토루(池内 了)

1944년 히메지(姬路)시 출신. 교토대학 이공학부졸업, 천문학·우주물리학, 이학박사. 홋카이도대학 이학부 조교수, 동경대학 동경천문대 조교수, 국립천문대 대이론천문학 연구계 교수, 오사카대학 이학부 우주지구과학과 교수, 나고야대학 대학원 이학연구과 교수 등을 지냈고, 현재 종합연구대학원 대학명예교수, 나고야대학 명예교수. 세계평화어필 7인 위원회 위원, 구조(九条)과학자회 호소하는 인물. 고단샤(講談社) 출판문화상과학출판상, 파피루스상 등을 수상.
저서로는 [과학의 생각, 배우는 방법](이와나미쥬니어신서), [과학의 함정](쇼분샤-晶文社), [과학의 세계](치쿠마신쇼), [현대 과학이 가야 할 길](카와데쇼보우신샤-河出書房新社), [우주론과 신](집영사신서-集英社新書), [과학·기술과 현대사회 상·하](미스즈서점) 등.

역자 약력

한은아

일본 나고야 아이찌대학 졸업
일본 와세다대학 아시아태평양연구과 석사
한국 한양대학교 정치외교학과 박사
前 (사)전우주정책포럼연구원 이사/원자력선진화포럼 이사
現 한국 한양대학교 정치외교학과 연구교수

일본의 우주개발 – 평화에서 군사안보로 –

초판발행	2021년 10월 7일
중판발행	2022년 1월 3일

지은이	池內 了
옮긴이	한은아
펴낸이	안종만 · 안상준

편 집	윤혜경
기획/마케팅	오치웅
표지디자인	박현정
제 작	고철민 · 조영환

펴낸곳	(주) **박영사**
	서울특별시 금천구 가산디지털2로 53, 210호(가산동, 한라시그마밸리)
	등록 1959. 3. 11. 제300–1959–1호(倫)
전 화	02)733–6771
f a x	02)736–4818
e-mail	pys@pybook.co.kr
homepage	www.pybook.co.kr
ISBN	979–11–303–1406–8 93340

* 파본은 구입하신 곳에서 교환해 드립니다. 본서의 무단복제행위를 금합니다.
* 역자와 협의하여 인지첩부를 생략합니다.

정 가	13,000원